# ENTRE
# [nós]

# Luiza Polessa

# ENTRE [nós]

Depoimentos que revelam o universo
de quem convive com o câncer

CIP-BRASIL. CATALOGAÇÃO-NA-FONTE
SINDICATO NACIONAL DOS EDITORES DE LIVROS, RJ

P821e
    Polessa, Luiza
       Entre nós: depoimentos que revelam o universo de quem
    convive com o câncer / Luiza Polessa. – Rio de Janeiro: Best*Seller*,
    2008.

       ISBN 978-85-7684-206-4

       1. Polessa, Luiza. 2. Câncer – Pacientes – Psicologia.
3. Câncer – Pacientes – Depoimentos. I. Título. II. Título:
Depoimentos que revelam o universo de quem convive pessoal
e profissionalmente com o câncer.

08-0226.                             CDD: 362.196994
                                    CDU: 929:616-006

Capa: Afranio de Souza
Diagramação: ô de casa

Todos os direitos reservados. Proibida a reprodução,
no todo ou em parte, sem autorização prévia por escrito da editora,
sejam quais forem os meios empregados.

Direitos exclusivos de publicação em língua portuguesa
para o Brasil reservados pela
EDITORA BEST SELLER LTDA.
Rua Argentina, 171, parte, São Cristóvão
Rio de Janeiro, RJ – 20921-380

Impresso no Brasil

ISBN 978-85-7684-206-4

*Este livro é dedicado a todos os que conhecem o universo do câncer.*

# Agradecimentos

Aos meus pais, Jose e Yedda, pelo amor.

À minha filha, Mariana, pela dedicação.

Ao meu marido, Zé Maurício, pela cumplicidade.

Às minhas irmãs, Ana, Zezé e Ieda, pela generosidade.

Às pacientes Eliane, Gisela, Iracema e Mariângela, pela participação.

Aos amigos Antonio Carlos, Bernal, Betinha, Olga e Suzana, pela solidariedade.

A Olga, pela revisão.

A todos os que estiveram comigo nesta jornada.

A Deus, pela presença.

*"Deus nos dá pessoas e coisas para aprendermos a alegria... Depois, retoma coisas e pessoas para ver se já somos capazes da alegria sozinha... Essa – a alegria que Ele quer..."*

GUIMARÃES ROSA

# Sumário

| | |
|---|---|
| Prefácio | 13 |
| Apresentação | 17 |

| | |
|---|---|
| PARTE I  Como nós | 19 |
| I  Minha vida, minha morte, meu luto, minha vida | 21 |
| II  Minhas âncoras. Outras referências | 57 |
| III  Meu chão, meu teto, meu céu | 103 |

| | |
|---|---|
| PARTE II  Sobre nós | 107 |
| I  As conquistas são assim... vêm aos poucos | 117 |
| II  A transformação do câncer em uma experiência passada | 127 |
| III  A estréia e a despedida de cada dia | 141 |
| IV  Parteiras e parturientes do que o câncer semeia | 159 |

# Prefácio

Raras vezes tive a oportunidade de ler um livro que unisse sensibilidade e coragem com a beleza que encontrei neste livro de Luiza Polessa. Ela se dispôs a falar de sua experiência com o câncer, deu voz a tantas outras mulheres que tinham o que dizer com essa experiência – ao mesmo tempo semelhante e única –, identificou o significado que cada uma poderia ter e abriu o coração para a beleza, mesmo que sofrida, que a dor pode trazer.

Meu contato com o câncer se iniciou quando eu ainda era um bebê. Minha mãe adoecera e eu cresci tendo aprendido a dura lição de que o câncer mata. Inexoravelmente, era esse o resultado da doença. Fui pelos caminhos da Psicologia, em busca de conhecimentos que me permitissem rever esta noção. Conheci a Psico-Oncologia e, com ela, a possibilidade de unir os conhecimentos da Psicologia àqueles da Oncologia e transformá-los em ação prática para pacientes de câncer e seus familiares. Entendi que o câncer era uma doença multifacetada, que muitos são os atores nesse cenário. Novamente o câncer visitou minha família, e me vi diante da possibilidade de entendê-lo a partir de uma outra perspectiva. Minha irmã deixou-me a herança de um risco genético e duas sobrinhas amadas que também carregam esse risco.

No entanto, tive o privilégio de aprender outras formas de ver e de lidar com o câncer. Ele não mata como foi há 50 anos, como era há 5 anos, mas ainda assusta e coloca as pessoas que recebem esse diagnóstico numa condição de perplexidade, revolta, medo e desafio. Ainda é uma experiência transformadora, porém agora com possibilidades otimistas. A ciência trouxe essas possibilidades, infelizmente ainda restritas a um grupo pequeno de brasileiros que têm acesso a diagnósticos bem feitos, que dependem de exames realizados em aparelhos adequadamente regulados, a profissionais com conhecimentos atualizados, a recursos de saúde e educação de largo alcance. Sabemos que os grandes centros podem oferecer estes recursos, mas o Brasil também é feito de brasileiros que moram em locais aonde os cuidados de saúde não chegam, que aguardam – seria melhor dizer que perdem – tempo demais por um exame que, se feito assim que a suspeita tiver sido identificada, poderia salvar suas vidas.

Sabemos, portanto, que o câncer seria uma ameaça muito menor no Brasil se os brasileiros fossem educados nas medidas de prevenção, se tivessem boa alimentação, se tivessem acesso aos serviços de saúde. Saber disto não exclui a experiência pessoal de ter um diagnóstico de câncer.

Quando falamos em câncer de mama, os desdobramentos são amplos. A mama é uma parte do corpo carregada de simbolismo. Associada à transmissão da vida, ao nutrir como o cuidado básico e essencial do qual dependemos desde o nascimento, expressa nosso afeto primordial. A mama troca com o meio o que temos de mais importante: nosso amor simplesmente desnudo e puro. No entanto, tudo isto não parece suficiente para nos proteger desta realidade: é uma parte do corpo que também pode adoecer. E adoecer de câncer, mesmo com todos os avanços, não é coisa pouca.

Para comprovar isto, temos aqui os testemunhos. Luiza nos conta, seu marido nos conta, a partir de uma outra perspectiva, na difícil posição de médico e de ser-que-ama. As irmãs e a mãe de Luiza nos contam, bem como Mariana e as amigas. A ternura que há nas palavras que Luiza colocou na boca de seu pai mostra que há vida mesmo quando ela parece ausente. O que nos contam todas estas pessoas? Sobretudo, nos contam que a vida precisa ser vivida, mesmo quando se abre à nossa frente a imensa boca do medo.

Semelhante é o que nos contam os outros testemunhos. São tantas as maneiras de ter câncer de mama! São tantos os caminhos possíveis! Os muitos avanços da Ciência não nos blindaram em relação às intensas emoções que esse diagnóstico provoca, mas a realidade tem tido força suficiente para mostrar que a luta não precisa ser inglória.

Por este relato, Luiza nos dá um presente de valor inestimável: é possível viver tendo um câncer. É possível viver bem, com amorosidade, tendo um câncer de mama. Sobretudo, é possível compartilhar esta experiência, na esperança de que ela seja benéfica a outras pessoas, para que elas nos possam contar também histórias vividas, sem serem piegas e com a coragem dos seres humanos iluminados.

Maria Helena Pereira Franco
Professora Titular da PUC-SP
Membro do 4 Estações Instituto de Psicologia

# Apresentação

Escrevi porque quando a dor é muito grande precisa de pontes. A primeira ponte que atravessei foi dar em mim, num lugar tão quieto, tão profundo, tão rico em palavras, imagens e lembranças que foram me embalando até que nasceu o depoimento sobre minha convivência pessoal com o câncer. E também profissional, pois, quando fui diagnosticada, já era uma especialista em Psico-Oncologia.

E veio aquela certeza. Não enfrentei sozinha a doença, não só eu sofri e me desesperei. Nós, os envolvidos, vivemos momentos de apreensão, mergulhos internos, conquistas, transformações.

O pedido foi feito. A alguns poucos familiares, amigos, cuidadores, que escrevessem sobre o que vivenciaram diante da minha experiência. É o que você vai ler na Parte I desta obra.

Na Parte II, vai conhecer a história de outras mulheres que também receberam um diagnóstico de câncer. Elas escreveram de próprio punho a relação que estabeleceram com a doença. São pacientes por mim acompanhadas, algumas ainda se encontram sob meus cuidados profissionais. Nos diálogos que estabeleço com cada uma, crio vínculos entre minha biografia pessoal e profissional e a doença. É uma conversa da qual você pode participar.

Outra certeza: não aprendemos sozinhos.
Uma dica?
Leia, reflita, dialogue, escreva.
Escrever a biografia de uma dor é criativo, curativo, trans-forma(dor).

# PARTE I

# Como nós

# I

## Minha vida, minha morte, meu luto, minha vida

*Mestre,*
*orienta-me na dor de ser*
*No cansaço de colher*
*frutos gastos*
*No prazer de lamber*
*do prato insondável do saber*

*Mestre,*
*estende-me a mão ao salto*
*Entrevê os passos dados*
*no solitário crescer*

*Mestre,*
*se te bate à porta o maduro*
*cuida em apontar*
*o que em mim acena*
*e ainda é mudo*

Meu primeiro diagnóstico não foi fornecido pelo laboratório. Foi a agitação formada em torno da imagem que acabara de ser revelada o grande denunciador de que algo indevido estava acontecendo.

A radiologista com quem fizera as ultra-sonografias e mamografias até então entrou na sala em que eu acabara de realizar os exames. Portava os filmes dos anos anteriores. Sentou-se diante do negatoscópio com uma lupa na mão e deu início a um colocar, tirar, recolocar, ampliar de imagens tão frenéticos como já estavam os batimentos do meu coração.

Antes mesmo de terminar a investigação, eu já estava suficientemente informada de que aquele não seria o bom resultado que, até então, anualmente recebera. Aguardei o laudo com a orientação de levá-lo naquele mesmo dia ao ginecologista. E eu sabia que o único lugar para onde iria no momento era minha casa.

Saí de lá nua. A primeira lembrança a acudir-me foi a do nascimento da minha filha. Eu, então, recém-formada, aprovada em concurso público – emprego do qual hoje estou aposentada –, e de mudança com minha família para Florianópolis, fui para a maternidade com os enxovais de bebê e de mãe. Cada fralda pintada, cada cueiro bordado, cada lençol enfeitado contavam o amor, o carinho, a espera da primeira vez – de mãe, pai, avós, tios.

As malas, que estavam no carro, foram roubadas. E com elas tudo o que tínhamos de nosso. A família não identificava o momento adequado para dar-me a notícia. Comprou roupas, sapatos, camisolas e vestiu-nos com os chamados presentes. Até que, espremida pela proximidade da alta, falou-me do ocorrido.

Fiquei desorientada no primeiro momento. Era tudo muito valioso, sagrado. Poderia sentir a minha respiração em cada uma daquelas peças. Só que minha filha estava ali, linda, saudável, inundando o coração de todos com aquela inusitada combinação de vigor e serenidade.

Essa lembrança foi me vestindo. Foi a companhia que tive ao meu lado para me dizer até onde fui com esta experiência. Revelou-me que mesmo onde há dor, raiva, incompreensão e perplexidade, há também amor, afeto, solidariedade, superação e confiança. Até aquele momento eu não tinha uma compreensão subjetiva do que era totalidade: tudo perder e tudo ganhar numa indissolúvel simultaneidade, deslizar entre o pânico e o êxtase, eis o meu aprendizado.

Saber que mesmo que eu estivesse muito doente eu não seria só aquela doença, que, mesmo sendo o sujeito da experiência, teria junto de mim predicados, adjuntos e complementos a construir as orações de um texto que estava apenas começando, foi o braço pousado em meu ombro na primeira vez que saí na rua.

*Se me perguntarem*
*não há contar*

*Começou devagar*
*Eu só resistindo*
*Meu momento cegava*
*a luz, a beleza, o bem*

*Tanto resisti*
*e caí*
*Nesse campo, nesse mar, nessa nuvem*
*nem sempre relvoso, sereno, macia*

*Agora é imensidão*
*Sem falta nem rasura*

*Nos fazemos prontos*
*para decolagens*

Poucos minutos marcaram a diferença entre minha chegada e a de meu marido em nossa casa. À medida que confidenciava o universo daquele dia e lhe mostrava os exames realizados, pude ver a angústia se espalhando pelo seu rosto, ressaltando cada um dos traços que vi nascer nos, então, 25 anos de união. Senti a ternura, o amor, o cuidado brotarem em cada palavra, gesto, e, inundada, soube que, apesar da solidão da minha dor, eu não estava desamparada.

Fazer a travessia do que preciso fosse com aquelas mãos estendidas para se unirem às minhas era um convite a um salto sem quedas. Veio-me à memória um quadro de infância no qual um anjo protegia uma criança correndo atrás de uma bola que avançava em direção a um rio. Senti aquela proteção e recebi ainda tudo que um homem tem a oferecer a uma mulher. Que não se mede, não se conta. Encanta.

*Desafio*
*o avesso deste enredo*

*Tantos anos*
*cavalo alado*
*de cativo algoz*

*Tantos panos*
*lustrando imagens*
*desgarradas de memória*

*Entre o sim e o nada*
*muito mais há*
*que decidir*

*Desnuda*
*não emudeço*
*Percebo*
*o que se abriga em mim*
*e me faz tão prisioneira*

A ida ao ginecologista ficou marcada para o dia seguinte. Ainda me recordo da delicadeza com que este profissional abordou os prováveis riscos de malignidade do nódulo apresentado. Lembrei-me dos tantos outros momentos em que estivera ali brindando a vida, ouvindo o bater do coração de meu bebê, gratificando-me com os incontáveis bons resultados dos exames anteriores, realizando procedimentos necessários à minha saúde. Aquele era, em tantos anos, o primeiro momento de profunda tristeza partilhado. O tempo consolidou ali todos os nossos passos.

Agradeci-me por todas as conquistas realizadas que me permitiram estabelecer este tipo de vínculo com o médico que cuida de minha saúde feminina. Para mim, mais que uma disponibilidade financeira, é uma prioridade. Ter a quem recorrer quando as referências escoam é como rever-se após ter-se esquecido. Estava entregue. Segui, confiante, suas orientações.

Já havia sido agendada por ele a consulta ao mastologista. Ninguém duvidava do diagnóstico. Nem eu.

Permaneci retraída durante boa parte da consulta. Atravessou-me um incômodo pudor em expor tamanha fragilidade a um profissional que acabara de conhecer. Sentia-me tão estranha naquele novo contexto que mal pude perceber, em suas atitudes, as tentativas de descontração, a segurança e a familiaridade com que falava das recentes técnicas de cirurgia mamária, os desenhos traçados para ilustrar os procedimentos a serem adotados, a acuidade do exame físico.

Mas nada assentava. Sentia apenas o desespero de querer estar num antes, onde a realidade da doença ainda não existia. Lembrei-me do "quem foi ao vento, perdeu o assento" de minha infância, tão salva em vôos. Por que ventos me arrastei para estar agora assim, tão descomposta?

*A dor*
*é esse umbigo aberto*
*esse toque áspero*
*no meu coração*

*A dor*
*é essa distância*
*que se quer dobrar*
*E amassa o corpo*
*e rasga a pele*
*e surpreende a alma*
*em absurda solidão*

*A dor*
*é essa falta de jeito*
*esse pudor de morder*
*com zelo*
*o que não cabe na boca*

Acompanhou-me a sensação de que eu não era mais a mesma pessoa. Identificada com a saúde, não conseguia me imaginar doente. A primeira e a mais angustiante crise que atravessei neste período de investigação diagnóstica foi a de identidade. Minha auto-imagem era a de uma pessoa saudável, bem disposta, cheia de projetos a realizar, o que não combinava com a imagem de uma pessoa doente.

Perdi o status de saudável. Minhas atividades foram abruptamente substituídas por incontáveis idas a médicos, laboratórios, clínicas. Passei a ocupar-me integralmente com atividades que nunca fizeram parte da minha rotina.

O ginecologista com quem me trato há 30 anos, o homeopata que me acompanha há mais de 25, profissionais em quem tenho irrestrita confiança e total intimidade para manifestar meus sentimentos, afastaram-se de cena para dar lugar a mastologistas, oncologistas, radioterapeutas, fisioterapeutas. Desconhecidos que passariam a ser a referência no meu tratamento.

Fui traída pelo pensamento de que me deitaria a cada noite com as mesmas certezas do dia anterior. Temi o sofrimento, amoleci sob o peso da dura lição da impermanência.

Por acréscimo, deixei de ter seios para ter... MAMAS.

*Sair de mim*
*Saber do compromisso*
*com o sofrimento*

*Sair de mim*
*Pagar por mim*
*o que não tem preço*

*Sair de mim*
*Conviver*
*com o que em mim*
*não cabe*

*Sair de mim*
*Buscar-me além*
*do meu manequim*

Levei minha mama para a core biópsia. Por maiores que fossem minhas informações sobre tal procedimento, fui incapaz de conceber o cenário que me aguardava.

Na sala havia uma mesa, um computador, um negatoscópio, uma cama, um balde, uma cabine e gentis profissionais. Os filmes foram para o negatoscópio. As imagens, repassadas ao computador, que traçou os pontos do nódulo a serem atingidos. Atendendo a orientações, deitei-me de bruços, introduzindo a mama esquerda no orifício a ela correspondente. Enquanto ela estava ali, pendurada, como se isolada estivesse de mim, esforçava-me por conter a convulsão que invadia meu corpo e encontrava, no grande nó formado em minha garganta, a barreira que a reprimia e a devolvia. Chorava. Chorei muito.

Uma agulha muito comprida, com uma espécie de arpão na extremidade, disparava automaticamente, obedecendo ao comando do profissional isolado na cabine, atravessava meu seio e dele extraía fragmentos para análise. O barulho do disparo espalhava em todo meu corpo um tremor abortado pela contração da dor e reavivado a cada um dos outros talvez cinco disparos.

Ao sentar-me e olhar o balde tingido pelo sangue que senti escorrer pelo meu seio, fui surpreendida por uma compaixão, uma úmida ternura por mim mesma. Do silêncio daquele momento ficou a certeza de que eu podia contar comigo até mesmo para o insuspeitável.

O abraço recebido de meu marido, que a tudo assistira, devolveu-me a quietude que a cumplicidade sabe esbanjar.

*Há, na espera,*
*um sabor de hera*

*Mãos compassivas*
*braços laboriosos*
*Gravidade vencida*

*Um mundo se tece*
*Um desejo se aquece*
*O gesto consuma a devoção*
*à seiva*
*à vida*

*A que ordem suprema*
*entregam-se?*

*Toda espera*
*tem destino de hera*
*pra quem não se desespera*

Dez dias úteis de espera pelo resultado da core biópsia.

Durante este período senti-me pinçada, e, deste descolamento, inundou-me o vazio. Familiares e amigos já estavam então muito próximos. Receber de cada um o seu melhor fez o momento menos denso, menos opressivo. Eles manifestavam tristeza, consternação, preocupação e dor, e sempre tinham prendas a me oferecer, confeccionadas ao longo dos anos de convivência íntima e sincera.

Meu marido soube corresponder às minhas demandas veladas e reveladas. Era de dentro de mim que ele falava. E era desse lugar tão reservado que ele se comunicava comigo e, com ele, eu estava o tempo todo comigo mesma. Houve muito medo. Uma possível perda intensificou enormemente nossa intimidade sexual. Tentativas de chamar a vida de volta, de não deixá-la escapar.

Minha filha não revelou apego ao seu papel de quem, até aquele momento, só recebera. Trouxe as mãos cheias de atenção, cuidado, carinho.

Minhas irmãs foram em tudo extremamente generosas. Ricas em disponibilidade. Transbordantes no afeto que sempre jorrou, incansável, em nossa família e que dá passagem para que o amor role, invada, aqueça, sustente, suspenda... aos céus.

Meu pai ouvia e lançava sobre mim seu olhar alzheimeriano, e eu via tudo que em outro tempo ele expressaria com seus toques tímidos e suas palavras enxutas, que tantas vezes molharam meus olhos e secaram minhas dores.

Mas o horror eu vi brotar nos olhos e na voz de minha mãe. Quanto desespero diante dos riscos existentes... E quanta coragem de mergulhar numa história que não queria conhecer! Assistir a tanta entrega transportou-me a esta sempre renovada auto-superação que têm certas mães quando se deparam com o incontrolável caminho por onde transitam seus filhos.

*Fala alto*
*na hora do salto*
*a herança*
*do caminhar*

O resultado não passou de uma linha: *carcinoma ductal infiltrante*.

Meus anseios sobre como receberia a notícia do que até aquele instante não estava confirmado foram amortecidos pela voz suave e trêmula de meu marido. Ele, minha filha e eu choramos abraçados na sala de nossa casa.

Permaneci ali como em outro momento de minha vida.

Estávamos meu marido e eu em Visconde de Mauá, no início da década de 1980. Eu preparava minha dissertação de mestrado e escolhi afastar-me da correria do dia-a-dia para dedicar-me àquela tarefa. Ao sair no final da tarde para caminhar, ouvimos o latir de cães e, quando nos viramos, nos deparamos com dois cães da raça dobermann vindo em nossa direção. Latiam, corriam, aproximavam-se. Não nos falamos. Mãos entrelaçadas, parados ficamos. Não fugimos e não queríamos ser devorados. Patas deslizando, esforço feroz de conter a desenfreada corrida, poeira. Nós quietos. Em silêncio, em acordo. Eles aos nossos pés a latir. Foi quando se sobrepuseram àquela gritaria os assovios e chamados desesperados de um homem. Os latidos diminuíram. Os cães partiram.

Visito esta cena com freqüência. O que não permitiu que eu fugisse ou fosse atacada está dentro de mim. Chamo presença, proteção, intuição, sabedoria, coragem, entrega. Não sabia o que aconteceria, mas me senti forte para enfrentar. É este repertório que sei acessível à minha consciência. Quis contar com ele.

*Se os membros*
*de uma árvore*
*se estranhassem,*
*como poderia ela*
*ser bela?*

*Se o galho*
*que verga e trança*
*não comportasse folhas,*
*que parceria teria o vento*
*para tão etérea dança?*

*Se a artéria*
*que lhe rega a fronte*
*descansasse,*
*que brilho teriam nossos olhos*
*tão carentes de mimo?*

*Uma árvore surgida assim*
*como coisa harmônica*
*sabiamente esconde*
*a origem do equilíbrio*

*O fruto da árvore*
*é o embrião*
*da trama*

Era janeiro de 2003. Eu tinha 50 anos e a cirurgia estava marcada.

Antecedeu à cirurgia um dia de silêncio e tristeza. Li, escrevi, meditei a maior parte do tempo. Antes de adormecer, tenho como prática repassar mentalmente meu dia, rever as cenas de maior impacto, imaginar outros desfechos para aquelas que me desagradaram, contemplar as que me inebriaram.

Naquela noite, foi minha vida que veio apresentar-se a mim. Inteira. Os acertos, os erros, as reparações, as desistências, as frustrações. Mas uma cena sobrepôs-se às demais. A de quando fui interrogada, numa experiência psicoterapêutica, sobre o tipo de morte que escolheria ter, se súbita ou não. Respondi, como respondo agora, que gostaria de ter tempo para me preparar, despedir-me, conhecer-me de outra forma, deparar-me com sentimentos e emoções desconhecidos, ter uma visão da vida com a lente da morte.

Fui informada que a cirurgia, como os prováveis tratamentos adjuvantes, eram curativos, não paliativos. A morte não estava em questão, pelo menos em princípio. Mas uma Luiza estava morrendo – a que não conhecia aquela experiência – e outra estava renascendo. Quase não seria diferente das outras etapas da existência, não fosse essa presença mais concreta da morte pela primeira vez em minha vida.

Fui inundada por uma sensação física semelhante à sentida diante do impacto ao receber, poucos dias antes, de presente, uma agenda de 2003. Olhar aqueles tantos dias com seus horários tão regularmente dispostos, como se estivesse tudo sob o mais imperturbável controle e pensar: como ela será preenchida? Até que mês, dia, hora? Fazia tão pouco tempo eu tinha a certeza da realização dos compromissos agendados...

E naquela noite vivi o doloroso sentimento de que algo errado estava acontecendo comigo sem que me desse conta. Quais os sinais que uma doença que levou tantos anos se desenvolvendo no meu organismo tinha deixado em minha vida? Quais as mensagens que a vida enviou ao meu corpo para ele fazer esta leitura? Acolhi a perplexidade. Entreguei-me a um sono de nove horas.

*Deixe o canto dos pássaros
visitar você*

*Dance essa melodia*

*Perceba como é grande
tudo o que mora*

*Acolha os ruídos do canto
Encante-se com sua sabedoria*

*Tudo inspira
a celeste sinfonia*

Algumas horas antes da internação, fui a uma clínica de medicina nuclear dar início à pesquisa de linfonodo sentinela, que começaria ali para terminar no ato cirúrgico. Por meio desta técnica é possível conhecer o grau de comprometimento linfonodal e ter uma avaliação da evolução do câncer sem os transtornos de uma linfadenectomia completa. Pude beneficiar-me desta técnica por apresentar tumor pequeno e axila clinicamente negativa.

Marido, irmã e médico à minha volta enquanto eu, deitada, recebia, através de agulha comprida e fina, sem anestesia, nos quatro pontos cardinais do tumor, a injeção de tecnécio, substância usada para mapear o nódulo e, no momento da cirurgia, localizar o linfonodo sentinela para analisá-lo.

Em uma sala contígua, foi a vez da cintilografia. Quando o profissional colocou diante de mim o monitor, o que vi foi um céu muito escuro e repleto de estrelas. O tumor, ali, era um céu estrelado, lindo, cheio de movimentos, a dançar na minha frente! Estonteei-me diante daquela cena. E ri, e chorei.

Findada esta etapa, nos dirigimos à clínica para a internação. Quantos colaboradores! Providenciaram tudo: quarto amplo, claro, confortável e aconchegante.

Seria submetida à segmentectomia – técnica conservadora de retirada do segmento no qual se localiza o nódulo. Mas só na cirurgia seria revelado o resultado da biópsia do linfonodo sentinela, o que determinaria que outros procedimentos seriam adotados. Na sala de cirurgia estávamos eu, o mastologista e sua equipe, o médico especialista em medicina nuclear com detector portátil de radiação gama, o patologista, meu marido e um grande amigo. No quarto, a torcida. Numerosa. Fervorosa.

O que descrevo agora me foi relatado. O primeiro passo foi a localização e retirada do linfonodo sentinela por meio de um corte horizontal na axila esquerda. Enquanto o patologista o analisava, o cirurgião iniciou a retirada do nódulo. Quando o patologista comunicou o resultado negativo da biópsia festejaram com acenos, olhares e sorrisos escapados das máscaras. Imediatamente, e sob olhares interrogativos da sala, meu amigo retirou do bolso o celular, ligou para o quarto dando a tão esperada notícia: nada de ressecção ganglionar e suas nefastas conseqüências... Nada de metástase! Unidos agradeceram. E eu ali, imóvel, recebendo amor pelas mais penetrantes formas.

*Viajante Noturno,*
*mostra-me o que é meu*
*Desvenda-me a face*
*de tuas criaturas*

*Apresenta-me*
*os desconhecidos*
*que tão solitariamente traçam*
*o rumo de meus caminhos*

*Poupa-me o sobressalto*
*da inesperada visita*
*Solta-me no parque*
*de folhas familiares*
*Promove tua intimidade*
*com o que já brilha em mim*

*Viajante Noturno,*
*clareia teu sol!*

Muitos outros dias até o resultado do exame histopatológico e do estudo imunoistoquímico. Por indicação do mastologista, com quem já havia estabelecido relativa intimidade em função da freqüência, da intensidade e da qualidade de nossos contatos, fui procurar o oncologista para definir as diretrizes de meu tratamento. Devido ao resultado dos exames, minha expectativa era fazer radioterapia e tomar o antiestrógeno por um período de cinco anos.

Depois de analisar atentamente os resultados, o especialista me disse que a conduta-padrão era aquela, mas que uma outra orientação apontava benefícios com a prescrição da quimioterapia. Como este não era um procedimento fechado, pediu-me que ouvisse a opinião de mais três profissionais e retornasse em alguns dias, uma vez que o tratamento deveria ser iniciado antes que completasse um mês desde a cirurgia.

O desespero tomou conta de mim. Eu devia consultar outros profissionais e decidir sobre meu tratamento... Por ainda não ter me recuperado de um sentimento de falência interna tão abusivo, temi cair ao primeiro passo. Minha compreensão dizia que estava com câncer por não saber escolher o que era melhor para mim. Organicamente, o câncer traduz isso: as células neoplásicas triunfam enquanto as saudáveis fenecem. Subjetivamente, não raro foram as opções adversas aos meus desejos e interesses as grandes vencedoras em minha vida. Como eu, que não consegui evitar, no nível celular, uma formação neoplásica, que tantas vezes esvaziei-me de sabedoria diante da vida, poderia escolher o melhor para o meu tratamento?

Foi bom ter a confiança na vida de volta! Custou lágrimas, silêncios, angústias, ansiedades, medos e... muita ação. Ainda em recuperação da cirurgia, contatei alguns reconhecidos profissionais e, sempre acompanhada por dedicados afetos, ouvi-os dizer que não prescreveriam quimioterapia para o meu caso.

Minhas decisões foram duas: não fazer quimioterapia e tratar-me com o especialista que me apresentou tão conturbada e esclarecedora questão – mas disto eu só soube mais tarde. Durante certo tempo, tive dúvidas em relação ao meu retorno. Cheguei a perguntar a um dos oncologistas consultados se ele me aceitaria como sua paciente.

Hoje sei que acertei na escolha. Há mais de dois anos venho sendo acompanhada por este profissional cuja competência é incontestável e com quem tenho estabelecido laços de confiança cada vez maiores e melhores.

*Encontra-me a paz*
*quando a vejo*
*num beijo, num atropelo*

*Encontra-me a paz*
*quando a interpelo*
*não reconheço respostas*
*e rendo-me à tarefa*
*de interpretar-me*

*Encontra-me a paz*
*quando a velocidade*
*choca a brandura*
*e fecunda o gesto*
*de maturidade*

*Encontra-me a paz*
*quando o mundo deságua*
*em mim*
*Guardo deste encontro*
*o entendimento do Sim*

A etapa seguinte foi a da radioterapia.

O radioterapeuta analisou atentamente todos os exames e, com um sotaque muito próprio, disse:

— Mas que coisinha mais "inucenti".

— Se o inocente causa este dano todo, imagino o que deve causar o audacioso — respondi, rindo. Agora eu já ria espontaneamente. Foram 25 sessões, de segunda a sexta, durante quase 6 semanas. A primeira foi marcada para o dia do meu aniversário. O que poderia ser chamado de coincidência, apontava a inauguração de um novo ciclo em minha vida.

Gosto de festejar meu aniversário. A última comemoração tinha sido a dos 50 anos. Teve de tudo: comida, bebida, dança, música ao vivo, roda de poesia organizada pelos amigos para me presentear. Durante dias minha casa ficou povoada de rostos, gestos, palavras, olhares, sorrisos.

Ausente esteve apenas a lembrança de que em alguma destas datas eu pudesse estar ocupada com outra coisa que não festa, alegria, celebração.

E estava eu às voltas com uma série de informações sobre radioterapia, já sabendo quanto eram distantes de uma vivência real! E minha voz a repetir sem piedade em minha mente que não era aquilo o que eu gostaria de estar vivendo naquele momento... Insuportável a raiva que senti.

Já eram muitas as reflexões feitas, não para me condenar, me punir ou me auto-apiedar, mas para me informar qual o sentido desta experiência em minha vida, que atitudes preciso transformar, que conquistas posso alcançar para me tornar uma pessoa mais livre, mais completa, mais feliz. O radical grego da palavra "saúde" é o mesmo que da palavra "salvação". Se cada um precisa encontrar sua maneira de ser salvo, o que me salvou nesta etapa do tratamento foi a forma como o vivi.

Saía cedo, cada dia com um familiar, um amigo e, às sextas-feiras, com meu marido, que já havia retornado ao trabalho, mas mantinha este dia para me acompanhar. Subíamos o Alto da Boa Vista, passávamos pela Vista Chinesa e chegávamos à Gávea. O percurso era a assepsia. A paisagem, o silêncio, a temperatura, a companhia me preparavam. Na sala de espera, encontrava pessoas em processos específicos – e especiais –, às vezes muito perturbadores.

Dentro da sala permanecia deitada enquanto um aparelho de dimensões excedentes avançava em direção ao meu seio, pela direita, pela esquerda... Por diversas vezes me encontrei em íntimo diálogo com as mentes que conceberam a tecnologia da qual eu usufruía naquele momento. Muitos foram os meus agradecimentos.

Ao término da aplicação, sentávamos na cantina sob uma exuberante árvore, lanchávamos e saíamos para um passeio. Caminhada na Floresta da Tijuca, almoço em algum aconchegante restaurante, sessão de cinema em minha casa ou na de quem a fizesse minha.

O tratamento foi bem-sucedido. Nada de reações cutâneas, nem fadiga, nem inapetência! Disse ao meu marido que sentiria saudade de alguns trechos desta trajetória. Não deixaram de ser árduos, mas foram, sob vários aspectos, bastante reveladores.

*Hoje*
*posso abrir as janelas*
*e saudar meus fantasmas*

*Quando com eles me deito*
*exaure-me*
*o orgasmo*

*Quando com eles me vejo*
*rego*
*meu avesso*

*Quando com eles danço*
*não troco*
*os passos*

*Quando deles descanso*
*embaraço-me*

Também acelerada é a rotina do acompanhamento. Inicialmente, tinha, a cada três meses, consulta com o oncologista e o mastologista e fazia uma bateria de exames. Mas a grande expectativa é o resultado do *CA 15-3* – exame de sangue que indica a presença de células neoplásicas em atividade no organismo. No momento, após 2 anos de cirurgia, vou anualmente ao ginecologista, semestralmente ao mastologista, quadrimestralmente ao oncologista, bimestralmente ao homeopata, mensalmente ao acupunturista e semanalmente à fisioterapeuta. Durante esse período fiz uso de tamoxifen, um antiestrógeno. Após dois anos, foi substituído pelo exemestano, conduta atual que indica ganhos, em alguns casos, se comparado ao uso contínuo de tamoxifen por cinco anos.

Ainda hoje, a tensão nas consultas de avaliação dos exames é incontrolável. Recentemente, estava eu tomando banho para ir a uma das tantas agendadas e não conseguia conter a tremedeira das pernas. E já sabendo que os resultados estavam todos favoráveis...

Eu e minhas irmãs – as "irmãs sisters", como somos chamadas – comemoramos ao final de cada consulta o sucesso do tratamento com almoços, brindes e muita alegria.

E a vida segue fazendo estradas.

Nos momentos de contato mais intenso com a experiência do câncer, não me vejo a buscar um porquê para a doença. Considero que o câncer, como talvez as enfermidades em geral, seja a culminância de fatores diversos, dos mais apreensíveis aos mais inapreensíveis. Para mim, o mais importante não tem sido perseguir uma causa, saber por que adoeci, até mesmo porque seria muito difícil precisar uma resposta, mas identificar minha dinâmica psíquica neste adoecimento. O que me pergunto é como ela se manifestou dessa forma nesta etapa de minha existência. Meu atual desejo tem sido o de poder, conduzida por tudo o que tenho vivido, adentrar o sábio e misterioso universo das sincronicidades e ouvir o apelo que me está sendo feito, reconhecer que novo lugar posso ocupar no mundo. Muito me tem recompensado e engrandecido resignificar a vida a partir da doença e apesar dela; lançar-lhe um olhar para além da relação de causa e efeito e reconhecê-la como a manifestação de um novo ciclo em minha jornada.

Durante certo tempo, a cicatriz da minha cirurgia assemelhava-se à de uma facada. Perdia-me a pensar nos golpes, os tantos já sofridos ao longo de minha vida. Recentemente, ao olhá-la, o que vi foi um sorriso. A passagem da facada ao sorriso fala de um caminho de conquistas, superações e, sobretudo, da liberdade de abrir mão das garantias.

Não passei impunemente por esta experiência. Saber que a qualquer momento tudo pode – e vai – se acabar é um passaporte para apostar nos sonhos, na qualidade dos relacionamentos, nas oportunidades oferecidas incansavelmente pela vida, na capacidade de fazer escolhas gratificantes, compensadoras.

Cada vez que me encontro com a morte, com a finitude, em meus diálogos e meditações diários, sinto um pesar imenso em saber que o que eu sou, tenho, sonho, minha vida, minha rotina, tudo o que caracteriza o meu universo do aqui-agora, do menor ao maior, uma vez encerrado, jamais será reavido. É um luto que guardo de mim.

Recentemente sonhei com o dia de minha morte. Estava sentada na mesa da sala de minha casa. Ao meu lado direito, minha irmã mais nova. Nós sabíamos que eu iria morrer; já estava pronta, aguardando apenas a finalização de alguns procedimento, que estavam sendo feitos por um enfermeiro. Levantei-me e fui olhar-me em um espelho que fica na sala, perto da mesa.

Aparentava ser mais jovem, uns 35, 40 anos. Meus olhos eram muito vivos, brilhantes, a pele viçosa, os cabelos sedosos. Sentia-me bonita, bem-arrumada, confiante. Fiquei a contemplar-me demoradamente até ver, através do espelho, aproximar-se meu marido, que vinha de nosso quarto. Ele pousou suas mãos em meus ombros, encostou seu rosto no meu e, olhando para ele através do espelho, eu disse: "Amanhã não estarei mais aqui. Se não estarei mais aqui, onde é que eu estarei?" E, como se dialogasse comigo mesma repeti: "Se não estarei mais aqui, onde é que eu estarei?" Embora não tenha resposta para tal indagação, para onde quer que eu vá quero carregar comigo a quietude vivida no sonho e também agora.

Ter como diagnóstico uma doença potencialmente letal como o câncer está sendo para mim a oportunidade de renascer na própria vida. Fazer cada pequenina coisa do cotidiano, estar com cada uma das pessoas que integram meu universo, em cada lugar de registro da minha história, com a consciência de que poderia não estar mais ali, imprime a tudo muita grandeza.

Externamente, não há mudança alguma. A correria, as contas, os dramas, os engarrafamentos, a violência, as exigências pessoais e profissionais. A mudança é interna, sutil, é gratidão por poder estar vivendo de forma mais criativa, mais intensa, mais íntima, mais amorosa, mais lúcida tudo o que me diz respeito. Afinal, a morte chegou muito perto para ser esquecida.

Vejo a cada dia aumentar o meu interesse por mim mesma. Hoje sei que é daí que tiro força para atravessar os reveses da vida. Por mais ajuda que tenha recebido – e foram incontáveis – eu estive do meu lado. É comigo que me acho na construção de minha biografia. Da vida e da morte.

Não sobrevive em mim a fantasia de que o tempo está ali, aguardando minha decisão para realizar meus desejos. Ele pode faltar…

Graças a este despertar, um ano e meio após a cirurgia eu e meu companheiro de 26 anos de caminhada nos casamos oficialmente. Ao ouvir de meu marido que se eu tivesse morrido ele continuaria solteiro, quando na realidade se sentiria viúvo, reconheci que o estado civil poderia legitimar um estado de alma, um estar no mundo solitário. Para garantir a experiência da viuvez, chegamos ao casamento. É a vida revirando o asfalto.

A cerimônia foi linda. Os amigos declamaram poesias, fizeram discursos, fizemo-nos profundas declarações de amor. Casados e felizes permanecemos.

Ao sair da última consulta com o oncologista, ouvi minha sobrinha do outro lado da linha perguntar-me se estava tudo bem, se os exames estavam bons, se o médico tinha dito que eu estava bem. A resposta veio tão clara que me surpreendeu: "Olha, bem eu estou, mas o passaporte já está carimbado."

Esta é uma realidade que eu conheço intimamente agora. Ainda sangra. Já liberta.

# II

## Minhas âncoras.
## Outras referências

*Saber que a minha Bem-Amada estava com
câncer foi um impacto extremamente violento
na proa desse meu barco. Uma tempestade.*

ZÉ MAURÍCIO, MARIDO

Há mais de 25 anos eu me apaixonei por uma garota carioca. Longuíssimos cabelos quase negros, uma beleza! Sorriso imenso, olhar distante, cheio de certezas. Muitas curvas, seios poderosos. O peito aberto para a vida. Que saúde!

Ela me disse sim e, desde então, navegamos juntos por essas ondas de alegria.

Saber que a minha Bem-Amada estava com câncer foi um impacto extremamente violento na proa desse meu barco. Uma tempestade.

Aquela noite de verão não me reservava sonhos. Desde o momento em que vi a mamografia de rotina, eu percebi que estava diante da imagem do mal com suas garras se infiltrando desordenadamente. Essa revelação me veio de outra fonte além do conhecimento técnico que tinha e tenho como médico.

Foi como uma ventania a levar as telhas da casa, e a cabeça quase foi junto. Eu não podia dividir essa sensação e esse medo de perder a mulher da minha vida para a morte. A morte sofrida e gradual do câncer. Um impressionante desejo de ajudá-la a atravessar aquela tormenta e sobreviver foi mais forte. Uma revolução emocional fez sentimentos elevados brotarem de dentro de outros primitivos.

Em muitos momentos, esse florescer aconteceu com muita força, como no dia da biópsia – procedimento medieval em pleno século XXI. Dor, sangue, o seio sendo várias vezes perfurado por um verdadeiro arpão monitorado por computador. Meu desespero era ver aquilo tudo sem poder interferir. E, lá de dentro, surgiu uma enorme admiração pela atitude tranqüila da minha pequena iogue, suportando aquela violência sem um gemido, sem uma palavra. O silêncio dos mártires que estão acima do sofrimento físico.

Vivi um sentimento de pura negação ao alimentar a ilusão de que o resultado do exame poderia ser diferente daquele que eu esperava. Como entender que Luiza estava doente se a sua aparência era absolutamente sã?

O laudo irrefutável trouxe uma tristeza gelada. Havia chegado o momento de aceitar para transformar. Como uma concha, aquela tristeza se abriu e surgiu a imagem daquela garota carioca mais encantadora que a Vênus de Botticelli e, com ela, a clareza de que havia um todo saudável muito mais verdadeiro do que aquele nódulo incompreensível.

Entrar com a minha querida no mar revolto de sua doença me fez amá-la e querê-la ainda mais. Passamos por experiências fortíssimas, algumas assustadoras, outras interessantes. Atravessamos também as horas de solidão em que, afastados pelas solicitações diárias, cada um viveu sua aventura pessoal.

A noite que antecedeu a data da cirurgia foi marcante. Luiza havia saído e eu estava tenso, envolvido em pensamentos obscuros e perturbadores. Eu precisava ficar centrado, pois no dia seguinte estaria dentro da sala de operação e não queria chorar diante dos profissionais envolvidos. Imediatamente o pranto começou. Quarenta minutos, uma hora talvez, até olhar para o céu escuro com seus mistérios luminosos. E uma paz inesperada inundou minha mente. Estava preparado para a grande intervenção, a definição do prognóstico e os rumos do tratamento subseqüente.

As revelações continuaram me surpreendendo. Situação especialíssima vivemos no centro de medicina nuclear, onde houve uma preparação para a pesquisa do linfonodo sentinela. Após ser submetida a mais um procedimento doloroso – injeção de material radioativo no seio – com a mesma calma que recebia a massagem que eu fazia nos seus pés, a minha menina olhou para a imagem do tumor produzida por cintilografia e comentou com um sorriso juvenil: "Parece um céu estrelado." A poesia estava ali, assim como o paradoxo, nos envolvendo e nos convidando a ficar assim, sem tempo, viajando pelo espaço cósmico dos dez milímetros do carcinoma. Revi o céu da noite anterior com mistérios agora cintilantes. A partir daí, comecei a estar também atento à plasticidade, ao aspecto visual dos eventos que se sucederam.

A cirurgia foi um verdadeiro espetáculo, com uma cenografia de estética particular. O campo esterilizado todo verde me fez recordar os "prados verdejantes" do Salmo 23. Os focos de luz estavam todos direcionados para a área fenestrada onde aparecia parte do seio claro – claridade que vinha do interior de uma grande mulher. Todos nós em torno daquela mesa solenemente reverenciávamos, mesmo sem saber, a pessoa que enfrentava um processo iniciático de libertação.

O cirurgião desenha com lápis dermográfico a linha de incisão, o bisturi por ali desliza e o sangue acrescenta sua cor ao quadro. O peito está aberto. Será arte a medicina?

A inevitável tensão deu lugar à esfuziante alegria quando a patologista anunciou que não havia comprometimento ganglionar. Carnaval dentro da minha cabeça, e a massa tumoral agora dentro de um vidro. A cena final dessa seqüência me trouxe uma sensação de alívio. O silêncio, sempre o silêncio para trazer outros significados. Os lençóis verdes, agora desarrumados, pareciam flutuar pela sala. E sobre a maca apenas a minha flor, seio suturado, trêmula ao vento frio vindo não sei de onde. Cobertores e afagos para aquecê-la. "Vamos para o quarto, minha querida."

Música de relaxamento, muitas visitas afetuosas e flores e frutas driblando a comissão de controle de infecção hospitalar amenizaram o desconforto do pós-operatório até a alta.

Para fechar esta turbulenta etapa que me provocava assombro e encantamento, veio a angústia do arrastado e quase interminável processo de cicatrização. Já em casa, eu fazia os curativos diariamente, e o momento era tenso, principalmente quando começou a haver a drenagem do seroma, líquido amarelado que nunca secava. A gaze sempre vinha marcada pela sua presença. Foi penoso. Porém, a cada gaze trocada, a cada assepsia, aumentava em mim a consciência e o orgulho de ser um cuidador amoroso. Cuidar da mulher que me ajudou a entender o sentido da eternidade se tornou uma tarefa superior, que me fez um homem privilegiado. Como os anjos estão sempre atentos, puseram-se a serviço: finalmente aquele seio tão querido e já tão acariciado estava pronto para a radioterapia.

Presenciar a segmentectomia com toda a sua crueza foi duro. No entanto, pude obter uma informação preciosa. A possibilidade de ver a retirada daquele bloco de seio contendo o nódulo e constatar o caráter físico da intervenção me proporcionou uma idéia concreta de resolução. A radioterapia viria posteriormente para esterilizar qualquer célula neoplásica desgarrada que pudesse teoricamente estar vagando pelas cercanias.

Eu já sabia que o objetivo do tratamento medicamentoso com o antiestrógeno era a profilaxia de recidiva. A análise patológica final e a histoquímica da peça foram as melhores possíveis. De tudo isso nasceu a certeza íntima de que a pequenina lutadora havia vencido.

Aos poucos retornamos ao dia-a-dia, sendo cada um deles mais abençoado. Veio o cuidado com o sol, com a alimentação adequada, com o repouso que estava esquecido. Veio a atividade sexual com novidades e com emoções mais intensas. Mergulhamos num oceano de ternura e reflexão.

Em nenhum momento vi aquela mulher do signo de peixes perder sua beleza, seu brilho e sua sensualidade que tanto prazer trazem à nossa ligação amorosa. Entramos em outro momento, a travessia estava concluída.

Luiza viveu tudo com a atitude consciente e sensível, serena e determinada com que sempre a vi ultrapassar as crises mais dramáticas. Uma pessoa preparada para aceitar essa etapa necessária no seu caminho. Foi uma honra para mim estar ao seu lado e poder apoiá-la.

Dizem que a doença pode ser um mestre. Eu posso dizer que Luiza sim tem sido o verdadeiro mestre. E ela retornou ao seu trabalho com entusiasmo, vitalidade e um entendimento ainda maior da questão da dor e do sofrimento. A compaixão que eu sempre percebi em sua maneira de acolher a todos que a buscam tornou-se mais presente no meu exercício profissional.

Essa vivência tão difícil, mas tão rica, ainda me deu a oportunidade de, timidamente, com o meu relato, tentar falar de esperança.

Fica aqui o reconhecimento do fabuloso trabalho de todos os médicos que contribuíram para a cura, especialmente o elétrico e confiante mastologista, e de todos os profissionais que atuaram no caso com tanta dedicação e competência.

A minha gratidão imensa à mãe e à filha de Luiza, com seu amor permanente; às suas irmãs, com seu calor incandescente; aos familiares e amigos, pelo carinho e ajuda inestimáveis, e aos grandes seres que, com sua luz, nos conduzem em cada instante.

O tempo continua passando e, assim como traz, leva aquilo que tem que ser vivido. Há mais de 25 anos eu sou apaixonado por essa garota carioca. O peito aberto pela vida. Que saúde!

*Senti uma grande angústia, uma sensação semelhante à de ver,
num dia lindo de sol, o Pão de Açúcar cair. Tive de encarar a
realidade de poder perder, de uma hora para outra, uma pessoa
sem a qual nunca pude imaginar minha vida.*

MARIANA, FILHA

Quando minha mãe me pediu para escrever este depoimento, pude perceber a dificuldade que tinha, não apenas de redigi-lo, mas de ver que de repente ela estava com uma doença de cuja gravidade não tínhamos a dimensão. Senti uma grande angústia, uma sensação semelhante à de ver, em um dia lindo de sol, o Pão de Açúcar cair. Como se uma fortaleza ruísse. Tive de encarar a realidade de poder perder, de uma hora para outra, uma pessoa sem a qual nunca pude imaginar minha vida.

Eu não havia parado para pensar no que realmente esta experiência significou para mim de forma consciente, pois naquele período estava voltada para as coisas concretas, como exames, cirurgia, quartos de hospital, radioterapia... Além disso, fui muito solicitada por nossa família e amigos, pois todos me procuravam para saber como estava correndo o processo e para buscar um conforto, uma palavra amiga, até mesmo um suporte emocional com relação a questões sobre as quais não se sentiam à vontade para falar com a minha mãe, talvez por toda a mobilização emocional pela qual ela estava passando. Ter ficado nessa linha de frente – e talvez pelo meu jeito, minha personalidade – fez com que eu não conseguisse expor meu sofrimento e mostrar a minha fragilidade para poupar as pessoas da família e amigos que também passavam por dificuldade semelhante.

Hoje, fora de casa, casada, percebo que, no final das contas, o que importa de verdade é o amor, mas não qualquer amor, e sim o amor materno, especial, singular, que cuida, que educa, que transmite valores.

O amor que me deu força para superar momentos difíceis como este, que me fez pensar na cura. Não podia pensar em outra possibilidade que não a de minha mãe ficar boa.

Relacionamento é uma palavra muito importante para mim, pois tenho pessoas amigas, pessoas perdidas e aquelas que já partiram, queridas. Quando vi minha mãe, a única pessoa que sempre tive a meu lado, em uma situação imprevisível, foi impossível entender meus sentimentos!

Somente uma pessoa, cujo nome prefiro resguardar, esteve ao meu lado, pois sua mãe havia morrido de um câncer de mama no mesmo local que o de minha mãe. Só que, devido ao medo, ela escondeu da família sua doença, e, conseqüentemente, não se tratou. Quando começou a passar muito mal, já estava cheia de metástases, vindo a falecer rapidamente. Era a única pessoa com quem eu me sentia bem para exprimir o que estava sentindo, para chorar, sofrer, desabafar.

Quando minha mãe me pediu este depoimento, sinceramente, não tinha palavras, e a busca por elas foi difícil. Os leitores e ela mesma podem não entender, pois acho que eu, como filha, só tenho a dizer que foi duro ver minha mãe ameaçada de morte enquanto eu apenas podia pensar na vida. Até hoje, aos 29 anos, a pessoa com quem mais me preocupo e a quem eu mais amo é a mulher mais maravilhosa e compreensiva com que já me deparei.

Dizem (quem acredita) que nós escolhemos, lá no céu, nossos pais. Apesar das dificuldades existentes na relação entre pais e filhos, creio ter feito a escolha certa. Na minha caminhada aqui na Terra, minha mãe é uma pessoa muito iluminada, o que me ajuda a superar os momentos difíceis. Esta escolha talvez possa ter nos ajudado a superar de forma solidária e amiga este momento tão delicado e assustador.

Terminar este depoimento com um "eu te amo, você é tudo para mim" é muito brega para o meu gosto. Prefiro ficar com uma música que me veio à cabeça: *O Luar*, de Gilberto Gil. Da mesma forma que esta música cita o dito popular que diz "é preciso ver para crer", só quem passa pela experiência do câncer pode entender os benefícios e os malefícios da doença.

*Até hoje me pergunto: "Por que não eu?"*

YEDDA, MÃE

Em dezembro de 2002, minha filha Maria Luiza recebeu o resultado da mamografia com suspeita de um nódulo. Passamos o Natal muito apreensivos. O ano-novo foi muito triste, pois o resultado da biópsia foi positivo. Não tenho palavras para descrever o que senti, porque não podia acreditar que fosse verdade.

Depois vieram a tristeza e a preocupação, que procurava não deixar transparecer, pois tinha que estar aparentemente bem para poder ajudá-la.

Em janeiro, ela se submeteu a uma cirurgia para a retirada do nódulo. Acompanhei-a no hospital até o momento em que o médico disse estar tudo bem. Mesmo assim, fui para casa muito deprimida e preocupada. Nos dias que se seguiram, tentei estar sempre por perto, apesar de não saber se era a ajuda de que ela precisava.

Até hoje me pergunto: "Por que não eu?" Daria tudo para não vê-la passar por aquele momento, acho que é de toda mãe não querer que os filhos sofram. Ainda fico preocupada toda vez que ela faz os exames de rotina; só me acalmo quando ela diz que está tudo bem.

Procuro não me lembrar dessa época, porque sofro tudo outra vez e choro como estou chorando agora.

Agradeço a Deus pela força, pela coragem que nos deu e que ainda nos dá.

*Sei que você não pode escrever esta página do meu livro.*
*Mas isso é tão sem importância...*

POR (E PARA) JOSÉ, MEU PAI

Sei que você não pode escrever esta página do meu livro. Mas isso é tão sem importância... E sabe por quê? Porque o melhor texto que você poderia ter escrito já está registrado em mim. Ele fala de amor, entrega, seriedade, responsabilidade, confiança, respeito. Você, com os parcos recursos de que dispunha e a pouca instrução que recebera, formou uma família rica em sentimentos, valores, cultura, talentos.

Há dez anos você adoeceu, e eu sofro muito com tudo isso. O desligamento veio aos poucos, como é comum ao mal de Alzheimer, mas até hoje você nunca se ausentou.

Na véspera de minha cirurgia, fui à sua casa para pedir suas bênçãos e sua proteção. Você estava deitado. Acomodei-me ao seu lado e lhe disse que ia ser operada, que contava com suas preces, que sabia que você estava comigo e que, se eu partisse antes, o receberia do outro lado tão bem como eu sei que seria recebida. Foi quando você começou a chorar. Sem um movimento, uma contração. Só lágrimas. Tantas.

Do hospital, nos falamos por telefone. Disse-lhe que estava bem, que tinha dado tudo certo e você repetia um "que bom, graças a Deus", e uma força muito suave e doce tomou conta de mim.

Saí do hospital sábado, e no domingo você veio me visitar. Sei o sacrifício desse gesto, pois já era com muita dificuldade que você se deslocava.

Conversamos, lanchamos, e, a cada vez que meu nome era pronunciado, seus olhos me buscavam, e, quando me viam, você sorria.

Você já se desligou de tudo, menos de seus afetos. Sua memória afetiva, para mim, tem sido a comprovação de que nem tudo passa apenas pelo corpo físico.

Recentemente, fui visitá-lo e lhe agradeci muito por você estar entre nós. Mais uma vez, e como ocorre com freqüência, você chorou. E fez um gesto muito desajeitado para tentar tocar meu rosto e o acariciou.

Não me perdi de você. Aprendemos, a cada dia, nova linguagem.

*Recebi o diagnóstico do tumor no seio esquerdo da
minha irmã Luiza por ela mesma. E todo o tempo me
dava vontade de ajudar, agir. Como se o dinamismo,
o movimento pudesse neutralizar o turbilhão que se
desencadeia quando se recebe uma notícia dessas.*

ANA, IRMÃ

*"Basta de dizer a Deus o que ele deve fazer."*

ALBERT EINSTEIN

Vou contar-lhes um segredo da minha infância que jamais
revelei a ninguém.

Desde pequena, sempre desejei que acontecesse comigo qualquer coisa de ruim que estivesse destinado às minhas irmãs. Eu queria evitar a todo custo que elas fossem magoadas. Não sei se porque sou a irmã mais velha ou porque vivia escutando:

"Você tem que dar o exemplo."

"Você é responsável por suas irmãs."

"Você tem que tomar conta delas."

Não deixa de ser uma certa onipotência, afinal, sendo a irmã mais velha, supunha-se que fosse mais forte, mais madura, mais experiente, embora a diferença entre nossas idades não seja assim tão grande.

Mais tarde, ainda criança, compreendi que não havia acordo algum com ninguém, em lugar nenhum. Que acordo eu gostaria que existisse? Eu não veria minhas irmãs sofrerem. As experiências dolorosas delas seriam vividas por mim.

O meu desejo de protegê-las me fez pensar que eu tinha o poder de determinar, decidir ou desviar dos caminhos próprios as experiências desagradáveis. O que nos é dado viver implica aceitação, autorização e muita coragem e valentia.

Recebi o diagnóstico do tumor no seio esquerdo da minha irmã Luiza por ela mesma. E todo o tempo me dava vontade de ajudar, agir. Como se o dinamismo, o movimento pudesse neutralizar o turbilhão que se desencadeia quando se recebe uma notícia dessas.

A sua expressão assustada me marcou. Acho, porque ainda não perguntei, que por medo de ficar só. Por se sentir só naquela batalha. Eram ela e seu corpo que deveriam curar-se. E, naquele momento, tínhamos que entender qual era o recado. Após a realização de cada exame pré-operatório conversávamos muito, ainda sob o impacto da confirmação do diagnóstico.

Sei que ela se sentiu confortada pela solidariedade dos amigos e pelo grande companheirismo de seu marido, José Maurício. Emocionei-me em muitos momentos com a dedicação dele e com suas expressões de indignação: "Como é que isto foi acontecer com a minha neguita?" ou "A Luiza não merecia isto!", que refletem a incompreensão dele. Mas, de novo: "Basta de dizer a Deus o que ele deve fazer."

Luiza foi operada na Clínica São Vicente. Durante a cirurgia, os muitos amigos e familiares aguardavam o veredicto auspicioso de que não haveria necessidade de fazer o esvaziamento da cadeia ganglionar. O linfonodo sentinela foi retirado para exame patológico, e o resultado negativo nos deu um grande alívio. Quando ela chegou ao quarto, após a cirurgia, entregamos um cartão desejando pronto restabelecimento assinado pelos muitos "amigos do peito".

Os amigos também fizeram revezamento como acompanhantes no tratamento pós-operatório, nas consultas com o mastologista – Dr. Jardim – ou com o oncologista – Dr. Mário Alberto. Esta era uma forma de desfrutarmos da companhia da Luiza, sempre tão ocupada com seu trabalho no consultório e com os estudos de atualização; com suas leituras e meditações; com a família, o marido e a filha; com os amigos e a casa.

Numa tarde fria, voltávamos de uma consulta de revisão com o médico, na Barra da Tijuca, e paramos na praça Afonso Viseu, no Alto da Boa Vista, para tomarmos um chá. A névoa cobria o topo das árvores da Floresta da Tijuca. O restaurante estava quase deserto e tínhamos bastante tempo para conversar. Luiza ainda continuava assustada.

Foi então que perguntei a ela como seria exercer a profissão de psicóloga, com especialização em psico-oncologia, tendo vivido a mesma experiência que seus pacientes e clientes. Os olhos dela se encheram de lágrimas. Penso que agora ela tem a dimensão real do que se passa no racional e no emocional de uma pessoa com câncer. Conversamos sobre as implicações em sua vida profissional de vivenciar as experiências que os pacientes tiveram.

Existem muitas maneiras de amar. O amor pode se dar no plano da emoção, é quando você tem um sentimento por alguém; ou então na prática, e aí você tem atitudes e comportamentos em relação a alguém. Acho que vivenciar a experiência de ter um câncer foi o caminho que Luiza encontrou para compartilhar e compreender este processo. Uma atitude de amor transcendente, transpessoal e compassivo.

Luiza tem uma personalidade muito interessante. Ela é uma pessoa muito acolhedora. Tenho um grande respeito por sua falta de preconceito. Admiro sua capacidade de ouvir enquanto seu olhar penetra no fundo do outro. Ela é uma ouvinte ativa e participativa. Isto exige muito esforço e muita disciplina para bloquear o ruído interno e sentir as coisas da mesma maneira que o outro sente.

Tenho grande admiração por sua brilhante capacidade de interpretação. Atribuo à sua formação literária o grande domínio para ler nas entrelinhas de um determinado assunto, o que lhe permite fazer a síntese e tirar conclusões.

Luiza analisa um fato, uma situação ou um relato com grande competência e sensibilidade. Ela muitas vezes me surpreende com uma opinião incisiva e ao mesmo tempo ponderada, ou com uma crítica afiada; suas conclusões são, com freqüência, contundentes e sempre causam um grande impacto.

A notícia de que Luiza estava com câncer foi também contundente. Mas tanto ela como nós temos convicção de que viver implica uma conquista diária. Manter a saúde e a boa forma exige esforço contínuo e constante. Melhor ainda quando associamos o prazer do paladar à maneira mais consciente de nos alimentarmos. Os reflexos estéticos são as conseqüências deste processo de se cuidar.

Passados dois anos, encanta-me ver Luiza jovial, namorando, noivando, casando com seu companheiro de 25 anos de convivência. Trabalhando muito, com grande dedicação e carinho. Sonhando muito, seja com uma casa nova ou uma viagem; com a próxima lua-de-mel com o seu amor, um curso novo, um amigo novo e um livro novo. Amando principalmente a vida, encarando-a de frente com muita coragem e determinação.

A verdade escancarada é que o meu amor por minhas irmãs é muito grande, transcendente, me supera. Entre nós existe cumplicidade, admiração, solidariedade e, além da grande amizade, há também muita farra e sapequice.

Luiza, sinto um grande prazer em ter encontrado você neste planeta, neste país, nesta cidade, nesta família e principalmente neste tempo. Agradeço por você ter me escolhido como irmã. Ou terá sido Deus?

*A doença da nossa Luiza foi um "start" para que coisas
preciosas ainda não vividas acontecessem em sua vida.*

ZEZÉ, IRMÃ

Acordo no *ashram*: lugar de retiro, de pausa, de olhar a natureza, o espírito. Lugar de ser de um modo mais completo, mais real.

Antes de dormir minha última noite aqui, com a lareira acesa e o fogo forte, quente e luminoso acolhendo tudo, li pela segunda vez parte do livro que minha mana está escrevendo: relato, tese, novela. Quanta dor!

Dor assumida, vivida
até o talo, até o osso,
o fundo do poço.

Onde ela fincou os dois pés, concentrou toda a sua força e emergiu.

Ouço a música da natureza. Tantos cantos de pássaros, tanta melodia na água doce que cai aqui tão perto, tanta água viva que corre no rio mais longe. Ouço a sinfonia!

Borboletas que beijam flores de cores que se acendem para os meus olhos à medida que elas passeiam pela mata. De longe vejo uma árvore tão linda, uma araucária, com todos os seus braços abertos que me parecem um agradecimento aos céus. Como eu, que sou toda agradecida a esse lugar em que vim descansar e a essa irmã que me presenteia com sua vida. Tantas vezes!

Como é bom se cuidar, como é necessário! Como é importante ser responsável pelo seu bem-estar!

Como vivemos, às vezes durante anos, uma vida lastimável, de restrições, de endurecimento, de excesso, de falta!

A doença da nossa Luiza foi um "start" para que coisas preciosas ainda não vividas acontecessem em sua vida.

E também para nós, que estamos com ela e fomos "contaminados" por essa LUZ.

*Nessa etapa, minha atitude de negar o incontrolável impossibilitava-me de entrar em contato com minha própria dor. Neguei veementemente o meu sofrimento e o dela.*

IEDA, IRMÃ

A surpresa de receber a visita intempestiva de meu cunhado naquela tarde quente e úmida de dezembro com a justificativa de que precisava se preparar para acompanhar Luiza a uma consulta com o ginecologista, me causou grande estranheza. A primeira coisa que pensei foi: "Por que ele iria ao ginecologista com ela? Desde quando as mulheres de nossa família precisaram ser acompanhadas por seus maridos em idas ao ginecologista?" Em resposta às minhas indagações ele declarou sua preocupação com o resultado dos exames mamários de rotina, realizados no dia anterior. Seus conhecimentos médicos lhe informaram a provável malignidade do nódulo encontrado. Ele nada me revelou, mas intuitivamente esperei pela confirmação do pior diagnóstico dos exames, ainda preliminares, de minha irmã Luiza.

Invadida pela dor, pelo imenso sentimento de impotência perante a falência do corpo físico, mergulhei nas lembranças de infância, nas primeiras impressões que guardo dessa irmã querida. Lembranças inicialmente amalgamadas com as de nossas outras duas irmãs. A imagem de Luiza se individualiza no início de minha puberdade. Luiza, introspectiva, segura de si, impenetrável. De dia, eu a sentia a distância; em suas noites insones, porém, sentia-me verdadeiramente importante, quando lado a lado ficávamos silentes debruçadas na janela. Nessa época, nossa diferença de idade – mais de seis anos – ainda impossibilitava o estabelecimento de uma intimidade plena. Para ela, minha presença bastava.

Luiza seguiu e delineou sua trajetória de vida. Engraçada, organizada, cuidadosa com seus horários, dedicada e séria em seus investimentos pessoais. Mais tarde casada, mãe e, aos meus olhos, profundamente desamparada.

Com o tempo, nos aproximamos e passamos a compartilhar cada vez mais nossas experiências, que enriquecem continuamente nossa relação, construída com sensibilidade, percepção e imenso respeito de Luiza diante dos movimentos que fui imprimindo em minha própria vida. Hoje sinto a acolhida e a disponibilidade internas nela.

O diagnóstico definitivo chegou às vésperas do ano-novo e eu estava em reunião de trabalho fora do Rio. A expectativa do resultado conclusivo deslocava minha atenção, deixando-me a plena sensação da finitude da vida como ela nos apresenta aqui e agora. Naquela situação concreta, em que, numa mesa de reunião de trabalho, nada ultrapassa os limites do imposto, do previsível, em que se delegam competências e se controlam resultados, era inadmissível que o crescimento descontrolado, não autorizado, de algumas células, pudesse subtrair-me a presença de Luiza.

As festas fraternas de fim de ano trouxeram, para mim, o alento e a esperança anestesiantes de um final feliz. Encheram-me de uma convicção quase infantil de que Luiza passaria bravamente pelas fases que transcorreriam; sem ter, entretanto, idéia da extensão de sua dor e das dúvidas que a inundavam desde os resultados dos exames de rotina. Nessa etapa, minha atitude de negar o in-

82

controlável impossibilitava-me de entrar em contato com minha própria dor. Neguei veementemente o meu sofrimento e o dela.

Estávamos todos lá, nós, que a amamos, quando ela seguiu para o centro cirúrgico. Não sei o que ela sentia, mas imensa dor nos chegou naquele quarto vazio de sua presença.

O pós-operatório, as inevitáveis sessões de radioterapia, os exames periódicos, e também a alegria do sucesso que Luiza alcança em cada etapa, evidenciam a importância de nos amarmos, de nos cuidarmos constantemente. Para mim, tem sido importante assumir a responsabilidade pelo próprio corpo, dispensando a esse santuário o cuidado necessário à manutenção de seu equilíbrio.

Cientes da expectativa dolorida de Luiza em submeter-se regularmente aos exames de acompanhamento, iniciamos a curiosa rotina de nos encontrarmos para acompanhá-la nas visitas ao mastologista e ao oncologista. Essas consultas continuam sendo cuidadosamente agendadas de modo a acomodar um almoço de confraternização. Lotamos os consultórios e salas de espera, nossa presença e entusiasmo pela vida preenchem todas as cadeiras. A alegria do encontro dessa irmandade tão fortemente ligada é justificada também na subliminar recusa à avaliação médica diferente da desejada, como se o fato de estarmos ali todas juntas fosse o bastante para determinar um resultado satisfatório.

A experiência vivida com Luiza me aproximou da realidade de que estamos, de fato, transitoriamente entre os que amamos, nas circunstâncias que nos apresentam. Essa certeza se traduz em mim na imensa vontade de viver intensamente e com qualidade cada encontro afetivo e no sério empenho de ser uma bênção na vida dos que compartilham os dias comigo.

*E o medo se prendia mais à certeza nítida de que aquilo tudo
poderia estar às portas de acontecer comigo ou com qualquer
mulher querida (vivo rodeada delas) ou não. E que isso
independeria da minha, da nossa vontade.*

SUZANA, AMIGA

Luiza, querida amiga,
Já tem muito tempo que você me pediu este depoimento,
nem me lembro quando foi. Mas já faz muito. O ano de 2005
foi difícil para mim, mas venho perdendo minhas contas há tem-
pos para o que é verdadeiro e importante. Sempre há um almoço, um jantar, um trabalho, uma viagem e vou deixando muitas
coisas por fazer ou por pensar. Talvez, Luiza, eu estivesse fugindo dessas muitas coisas, ou melhor, fugindo de nomeá-las, de
entrar concretamente em contato com meus medos.

A verdade é que venho vivendo assim: de compromisso em
compromisso, de trabalho em trabalho, quase sem pensar, quase sem respirar e, principalmente, sem me perguntar o porquê
ou o para quê.

Hoje, por exemplo, estava em frente à televisão, pensando no
que teria para fazer, e lembrei-me desse texto, desta carta prometi-
da que, junto com outras, fará parte de um livro sobre como nosso

corpo, assim como nós, falha. E como isso, que poderia ser tão natural, já que as máquinas falham, me chocou, me surpreendeu! Foi desse modo que, um dia, no final de 2002, liguei para sua casa para desejar um ano-novo muito bom a todos, e a Mariana me disse num fio de voz que você estava com câncer. Lembro-me de ter ficado em suspenso. Como? Pensei que não tinha escutado direito enquanto ela repetia o nome difícil de pronunciar e até de escrever agora: câncer.

Lembro-me também de que os votos de novo ano calaram-se em mim, perderam o sentido, embora o ano se renove sempre, com ou sem doenças, embora saibamos que tudo na verdade é renovação, até a morte.

Mariana me contou que você estava falando sobre isso com poucas pessoas, pediu alguma discrição, mas eu já não ouvia direito, porque fiquei sem saber bem o que pensar ou o que dizer para ela, a filha da minha amiga querida, quase minha filha também. O primeiro pensamento que me ocorreu foi dizer a ela e repetir para mim mesma que não havia de ser nada. Mas era impossível ignorar que a palavra câncer poderia ser tudo ou nada ser. Desliguei e parei com os telefonemas de boas-festas meio em série que estava dando. As festas, naquele momento, ficaram sem sentido para mim.

Lembro-me de que meu primeiro movimento concreto foi ligar para o Zé e saber detalhes antes de falar sobre o assunto com você. Queria estar mais calma ou mais consciente de tudo para não dizer bobagens. "Vai passar" é muito pouco, mas agora eu sei que pode ser tudo. O Zé, com sua tranqüilidade de sempre, me contou sobre o nódulo, sobre todos os procedimentos, os detalhes, os exames. Foi tão minucioso que até hoje me pergunto se ele falava muito justamente para não falar sobre o assunto. Dei a notícia para as meninas e a reação foi de espanto. Como? Até a tia Luiza, meio mãe delas, era de fato passível de doenças, de precisar de nós, que sempre nos socorremos dela, de suas palavras, de seu carinho?

Dias depois, tomei fôlego para ligar para você e fiz a única coisa que podia fazer naquela hora: oferecer minha ajuda moral e material, meu abraço, meu tudo que pudesse ser. Não oferecer, mas retribuir o que recebo em mais de 25 anos de amizade.

Naqueles dias a sensação de que o corpo falha e do quanto ficamos impotentes diante disso era muito nítida. Acompanhei você em alguns momentos. No dia da operação para a extração do nódulo no seu seio, estive no hospital com as meninas junto à sua família, já tão nossa. A operação tinha sido um sucesso. Daí por diante seu grande desafio era o pós-operatório, a decisão pela rádio ou pela quimioterapia. Lembro-me de que sempre temi essas palavras (havia perdido uma amiga com câncer que ficara num longo processo de tratamentos que em nada resultaram, infelizmente). Procurei agir normalmente durante esta fase, mas o que mais me ajudou foi sua naturalidade, sua confiança, sua fé e sua indizível alegria pelas possibilidades renovadas da medicina e da vida.

Luiza, querida, desde que tudo aconteceu com você, vivi outros momentos trágicos, alguns sem volta (como a morte de minha mãe) e outros em que a vida venceu, mas até hoje me pergunto por que só valorizamos o fato de estarmos vivos nas situações-limite? Lembro-me da sensação de espanto e de traição durante sua doença. Tinha medo de ver você perdendo os cabelos, seus cabelos longos, negros e brilhosos, cabelos de índia. E o medo se prendia mais à certeza nítida de que aquilo tudo poderia estar prestes a acontecer comigo ou com qualquer mulher querida (vivo rodeada delas) ou não. E que isso independeria da minha, da nossa vontade.

Agora, passados alguns anos, vendo você sem qualquer sombra ou vestígio aparente da doença a não ser os exames ou cuidados periódicos, fico pensando que você é uma vitoriosa, que a medicina e a fé venceram mais um jogo contra a fatalidade. E que, pensando bem, as fatalidades existem, e não existem, porque dependem em grande parte de nós, além, é claro, de outros desígnios.

Você me pediu um depoimento. Escrevi e acho que não disse nada. Eu, que imagino ser escritora. É que viver é muito mais forte e a linguagem não dá conta de tudo, embora seja decisiva para muita coisa. Um câncer, por exemplo, pode determinar uma vida, progredir ou regredir conforme a entonação que lhe dermos. Você fez dessa palavra algo que pode ser pronunciado, e até escrito, como estou tentando fazer agora.

Eis aí o dito pelo não dito. Na verdade, o nosso maior medo, em nomear, é aceitar nomeando.

P.S.: Enquanto hesitava entre escrever ou não, me dei conta de que este exercício de nomeação deveria ser feito sempre, só assim eu não teria a sensação de ter passado batida por tantas coisas, entre as piores e as melhores que nos acontecem sucessivamente.

*Quando você me confirmou o diagnóstico, senti-me petrificada,*
*literalmente pedra, sem sentimentos, sem sofrimento, sem ação*
*e sem palavra. Foram alguns minutos até me recompor.*
*Aos poucos, o sentimento voltou, junto com a palavra.*

OLGA, AMIGA

Luiza,
Quando você me disse, naquele já distante – e ainda tão próximo – fim de ano, que seus exames de rotina revelavam a forte probabilidade de você ter desenvolvido câncer de mama, revivi momentos dolorosos da minha vida, mais de vinte anos antes, tempo em que ainda não nos conhecíamos.

Iniciamos, na fila da matrícula da pós-graduação, esta já longa amizade, e você ainda pôde acompanhar o final da difícil caminhada de dois anos de quimioterapia que minha mãe, com muita esperança, completou; depois, suspeita no fígado, suspeita no pulmão, nos ossos. Durante mais de cinco anos foi assim: viver num equilíbrio absolutamente instável.

Ao longo destes 26 anos de convivência e de partilha dos bens e dos males, você seria arrimo de muita dor, serenidade e consolo para muito impulso sem norte. Penso, com sinceridade e nenhum proselitismo, que sempre procurei, também – não sei se à altura, mas procurei – corresponder às dádivas que recebia, numa economia de troca própria das amizades verdadeiras.

Eu procurava reduzir, como se fora possível, o impacto da triste notícia. Estávamos ao telefone e não posso negar que uma visão rápida e incontrolável atravessou-me a mente, não só com as imagens do câncer de mama da minha mãe, mas também de estômago, muitos anos depois, da sua doença hepática; enfim, das circunstâncias de dor e sofrimento presentes nessas situações. Ao lado e acima de tudo isso, a sua figura pairava nos hospitais e clínicas, nos tratamentos intensivos, na minha casa, não como visitante apenas, mas como participante de uma história que não lhe cabia viver, fazendo questão de suportar juntamente conosco o peso daquelas experiências.

Poucas vezes naqueles tristes dias eu vi você abatida; o seu sorriso, ou riso franco mesmo, revelava modulações e intensidades distintas, porém nunca cedeu ao império do irremediável. Era, ao contrário, sinal de alento e esperança.

A partir do momento em que se tornou provável a existência de um câncer no seu corpo, me fiz inúmeras perguntas, cujas respostas surgiram aos poucos, a cada instante, a cada dia, ou dias. O fato é que o cenário muito provável da doença entrou no meu cotidiano. Antes do veredicto médico, eu já possuía algumas explicações para mim mesma.

Se Luiza estiver com câncer ela não vai morrer, porque, como se cuida com regularidade, qualquer mal se encontra em início, o que facilitará o seu combate; conheço Luiza há mais de vinte anos e, em certas ocasiões, percebia-se, ou eu percebia, que seu corpo emitia alguns sinais de alarme, como as chagas que a tomavam durante crises alérgicas. Lembro-me com toda a clareza das faixas em mãos, braços e outras partes do corpo, que muitas vezes eu associava a personagens bíbli-cos. Se esses e outros sinais foram enviados por alguma força transcendente, decerto o foram para que, quando a hora fosse chegada, não se entregasse à perplexidade e ao temor, pois venceria; é forte, sempre foi espiritualizada, e evoluiu bastan-te em todos estes anos...

Tais respostas, sob determinado ponto de vista, também me elucidavam, já que lutei contra doenças, minhas ou de outrem, desde sempre, e precisei descobrir argumentos que me fizessem capaz de superar, ou pelo menos neutralizar, os seus efeitos no dia-a-dia da vida à minha volta.

Quando você me confirmou o diagnóstico, senti-me petrifi-cada, literalmente pedra, sem sentimentos, sem sofrimento, sem ação e sem palavra. Foram alguns minutos até me recompor. Aos poucos, o sentimento voltou junto com a palavra. Lembro-me vagamente da sensação de despertar, acordada, de um sonho, quando se olha ao redor e se verifica de pronto que é preciso iniciar ou continuar a ação interrompida por ele.

Você começou desde logo um movimento permanente de recuperação física a partir da sua força espiritual e moral; sabia que era preciso ir adiante, sempre e em qualquer circunstância. Na fase anterior à cirurgia e no dia dela, comuniquei-me com Mariana, mas não fui para perto de você. Não conseguiria ficar ao seu lado e ao mesmo tempo com a lembrança de doenças e doentes que marcaram e determinaram, sob muitos aspectos, minha vida.

Na minha mais distante infância, convivi com a doença fami-liar de modo solitário, segregado e silencioso. Não sei se repro-duzi a experiência antiga. Todavia, tenho a convicção firme de que o sentimento que ditou o meu modo de agir foi o mais pro-fundo respeito à sua dor e ao direito de permitir que você aprendesse a se acomodar a ela, primeiro, para depois combatê-la ou eliminá-la. Foi o que você fez.

Hoje, você está realizada, alegre, feliz e senhora de que a vida nos contempla todos os dias com situações de estranhamento e de que nem elas nem nós permanecemos para sempre.

*A enfermidade grave bagunça o coreto: faz desabar sobre nossas
cabeças a rotina tão bem organizada; abre em precipício,
sob nossos pés, a segurança adquirida com grande esmero;
transforma nossos peitos em vulcão, próximos da explosão,
dado o frenesi das emoções.*

BERNAL, AMIGO E CURADOR

Jornada interior.

Curador ou amigo?

Debruço-me nesta dúvida que acompanha o pedido de Luiza para que eu participe deste livro, cujo mote principal é sua singular experiência com a doença.

Quem sou eu?

Será preciso responder com a exclusão própria da pergunta-modelo da filosofia ocidental: "Ser *ou* não ser?"

Curador, segundo o mito, é aquele que, por pensar sua própria chaga, habilita-se a pousar ungüento, e palavras, na ferida alheia. Mas como se refazer se a ferida de antanho, provocada por flecha adversária, situa-se no dorso, outrora desguarnecido e ora inacessível, sobre o qual suas mãos pelejam, mas os dedos não tocam?

Talvez seja o amigo o espelho que ilumina os olhos, cegos para detalhes fugidios de si mesmo. Ou os braços, e quiçá abraços, que se alongam em mãos nas costas do Quíron ferido.

Se o amigo é real, se emerge de frente, com o sorriso estendido, na limpidez solar da luz, o outro, sombra oculta que é, esgueira-se pelas vielas do caminho e, de inopino, irrompe-se da calada escura de um inconsciente, como espectro assustador. Se o amigo parece ser o aprazimento, a enfermidade é parecida com o inimigo. Vem de onde menos se espera e chega, não raras vezes, no auge da pujança. Chega impávido, intransigente, como credor distante, já esquecido, para acabar com a festa, como que a lembrar ser a vida, mesmo, uma gangorra que brinca nos extremos de uma polaridade intensa e misteriosa. Mas, não resta dúvida, este inimigo imiscui-se sempre por entre as frestas do descuido, sob a alcunha incômoda de doença.

É que o adversário nem sempre nos assola vindo de fora, mas sim de espaços interiores, de inconscientes não dantes navegados, porque lá se avolumam nossas partes malquistas, nossos quistos e esquisitices que, enjeitados, criam zona perigosa, proibida, mar bravio. Do seu epicentro, num tempo que obedece a uma ordem desconhecida, de repente brota uma entidade qual náufrago cuspido para a praia do corpo e da consciência.

Estas partes que se fizeram reclusas, recusadas por decisões rápidas e restritas, acertadas – se aceitas como dirigidas pelo critério parcimonioso da economia que visa o sossego imediato –, reclamam, no retorno, sua genuína cidadania neste império do eu, fazendo-se acompanhar por um quinhão de sofrimento que tantas vezes beira o superlativo insuportável. Para ser saudável há que pagar o preço de se fazer inteiro – eternamente em construção.

A enfermidade grave bagunça o coreto: faz desabar sobre nossas cabeças a rotina tão bem organizada; abre em precipício, sob nossos pés, a segurança adquirida com grande esmero; transforma nossos peitos em vulcão, próximos da explosão, dado o frenesi das emoções.

Quem passou por ela, a doença grave, sabe do que é capaz.

A dor, com seus paroxismos de um tempo indemarcável, impõe-nos silêncio contrito, onde a lágrima tímida não traduz, deveras, a reviravolta interna. É neste eclipse que, providente, de repente chega o bálsamo que conforta, o ombro que aconchega, o colo que nina, e o olhar refletor de insights preciosos. Este faz brilhar fora o que é preciso enxergar dentro. Juntos constroem pontes para novos territórios. Uma via de mudança em que não havia mais caminhos. Fazem retornar a possibilidade de imaginar, de criar e de sorrir, sim, porque, enquanto há vida, o sonho é potência. Continuam lá, a ferida, a dor, a limitação, a incerteza... Iguais, mas diferentes.

Amigo *ou* curador? Se é neste ínterim que chega o amigo, ou que a adversidade se torna mestra companheira, por que não a promoção de ambos à condição de singulares curadores? Por que não a inclusão – própria do antigo pensamento oriental – em vez da exclusão (se isto não fora, ironicamente, uma outra forma de exclusão, contrariando a intenção dialética de um discurso includente? Ah! Pobres letras, impotentes no seu ofício de explorar o mistério, e sagradas na sua insistência de não desistirem)? Por que não, amigo *e* curador? Ou, adversário *e* amigo... *e* curadores?

Por que além de nos regozijarmos com a presença benfazeja do amigo e do curador, não darmos boas-vindas àquela parte que, tendo se feito à parte, retorna como pedra, mas que lapidada, revela o brilhante oculto?

Talvez isto seja próprio de uma medicina futura – e quisera não muito distante –, em que o enfermo alcança sua real cura após uma extensa jornada de mergulho interior, de onde emerge como sábio e santo – o curador de si mesmo.

Graças dou à vida por ter me brindado com a presença generosa de Luiza em muitos trechos da minha estrada – tanto os da lágrima quanto os da gargalhada, aqueles da introspecção e os outros da distensão, os do trabalho e os do lazer –, porque, como testemunha privilegiada, tenho aprendido inesquecíveis lições com o seu desvelo em assistir não apenas os amigos, mas todos aqueles que, necessitados, batem-lhe à porta. E por falar em curador, com a mesma dedicação a tenho observado se entregar à árdua tarefa do autoconhecimento, que exige a disposição de investir diariamente nos cuidados psicológicos e espirituais da própria alma.

Por isto te vejo, Luiza, como uma amiga ímpar e uma curadora por vocação. E as nossas doenças, como estações de tratamento para a cura real, o inefável.

*Penso que o paciente precisa desejar, precisa querer, de verdade,*
*sair daquela etapa de aprendizado, de sofrimento, precisa*
*aceitar a doença para, então, arregaçar as mangas – aqui,*
*o coração – e perceber-se maior. Ele não é somente*
*aquela doença – seja ela qual for.*

BETINHA, TERAPEUTA

Quando a Luiza me telefonou convidando-me para escrever este texto, a primeira coisa que me ocorreu foi: "Como posso beneficiar outras pessoas com a vivência da Luiza?"

Esse trabalho me inspira a compartilhar com vocês a importância de entender que muitos limites podem ser superados, e que muitos obstáculos e dificuldades são passíveis de serem transformados. É possível...

Como fazer parte conscientemente de um processo de cura – e quando estou falando cura, não me refiro somente à ausência de sintomas, mas sim às transformações profundas, de antigos padrões a serem removidos dando espaço para revelar a nossa verdadeira natureza que é de paz, serenidade, amor? Qual é a nossa parcela? Qual a parte que nos cabe para que seja possível essa mudança de urgência?

Penso que o paciente precisa desejar, precisa querer, de verdade, sair daquela etapa de aprendizado, de sofrimento, precisa aceitar a doença para, então, arregaçar as mangas – aqui, o coração – e perceber-se maior. Ele não é somente aquela doença – seja ela qual for. O perigo é ficarmos seduzidos, identificados totalmente com a doença. Ela pode estar lá, precisamos aceitá-la, mas não somos totalmente a doença. Isso que vejo como supremacia – a não-identificação total com a doença – é uma parte nossa que precisa de ajuda, e temos de aceitar tal fato para poder mudar.

A outra parte cabe a médicos, psicoterapeutas, familiares e amigos queridos, e, por fim, cabe à vida. O resultado não é nosso, é com a vida. O essencial é que cada um de nós possa fazer o melhor, trazer à tona o que há de melhor em nós; não temer nossas generosidades, sabedorias e delicadezas. É fundamental que possamos ousar nessas condições.

Falando de Luiza, ela é plena dessa consciência, dessa humildade tão própria para ter assumido a parte que lhe cabia: esforço constante, disciplina, fé e alegria – seu bom humor é uma bênção, Luiza é muito engraçada.

Nossa querida não perdeu de vista as práticas espirituais, que com consciência e respeito se agregaram à dança da vida para ensaiar passos novos para esse balé constante que é a existência de todos nós. A cada momento, surge outra coreografia, e é necessário que tenhamos um corpo e um espírito que possam dançar.

Fico imensamente feliz de estar junto de vocês, e principalmente desta iniciativa abençoada de levar essa possibilidade da verdadeira cura para tantas pessoas. Que essa obra possa inspirar todos nós a vivermos uma consciência mais feliz, mais fraterna e alegre, sabendo que fazemos parte dessa suprema dança que é a vida, e ela é eterna.

*(...) tenho total convicção que uma boa relação médico-paciente, um posicionamento positivo diante do planejamento terapêutico, um otimismo bem dosado e realista, baseado nos laudos histopatológicos e imuno-histoquímicos e o apoio de amigos e familiares são também muito importantes na recuperação do paciente oncológico.*

DR. JARDIM, CIRURGIÃO

Dizem que a primeira impressão é a que fica. No caso de Maria Luiza Polessa posso afirmar, sem a menor sombra de dúvida, que esta é a pura expressão da verdade.

Após 30 anos de prática médica na área da oncologia ginecológica, atendendo principalmente pacientes portadoras de câncer de mama, na clínica privada e em hospitais públicos, como o Instituto Nacional do Câncer e o Hospital dos Servidores do Estado, desenvolvi grande interesse pelo perfil psicológico dessas mulheres. Ao longo deste tempo, examinei pacientes de todos os tipos: otimistas e pessimistas, depressivas e eufóricas, humildes e arrogantes, as que apresentavam o sintoma conhecido como negação, que não admitiam a existência da doença e com isso permitiam que os tumores alcançassem grandes dimensões, revoltadas ou resignadas, confiantes no planejamento terapêutico ou questionadoras, mas nunca atendi ninguém que tivesse recebido tanto apoio e solidariedade de seus familiares e que se relacionasse tão bem com eles como Maria Luiza Polessa.

Desde a primeira consulta, em dezembro de 2002, quando Maria Luiza me procurou encaminhada por seu ginecologista, Dr. Tito Souza Mello, portando mamografia e ultra-sonografia mamária que demonstravam um nódulo suspeito de malignidade na mama esquerda, meu consultório foi invariavelmente "invadido", no bom sentido, por uma verdadeira legião de familiares, formada por seu marido, José Maurício, médico pediatra, e pelas suas irmãs, todos extremamente preocupados com a evolução da doença, como também com os possíveis efeitos colaterais provocados pelos tratamentos que seriam realizados. Tito Souza Mello já havia me informado sobre esta característica da família Polessa, mas confesso que o grau de amizade e solidariedade demonstrado extrapolava todas as minhas expectativas.

Tanto o exame clínico como a mamografia e a ultra-sonografia mamária sugeriam tratar-se de patologia maligna, e imediatamente solicitei que Maria Luiza realizasse uma biópsia percutânea de fragmentos, chamada de core biópsia, para confirmação diagnóstica, e solicitei também os exames pré-operatórios.

No dia 9 de janeiro de 2003, Maria Luiza e toda sua família se internaram na Clínica São Vicente, na Gávea, onde ela foi submetida a tratamento cirúrgico conservador da mama. A cirurgia realizada foi uma ressecção segmentar com estudo de linfonodo sentinela, orientada pela medicina nuclear e pela injeção do corante azul patente.

O laudo histopatológico demonstrou um carcinoma ductal infiltrante de pequenas dimensões, com características histopatológicas e imuno-histoquímicas de baixa agressividade, e o estudo do linfonodo sentinela revelou-se negativo para invasão neoplásica, o que provocou manifestações de alívio e euforia em seus familiares, que continuavam comparecendo maciçamente a meu consultório, a todas as consultas de revisão cirúrgica.

O pós-operatório imediato transcorreu sem nenhuma intercorrência significativa e, após a conclusão de todos os exames, encaminhei-a para o Dr. Mario Alberto Dantas, oncologista clínico, para que a orientasse em seu tratamento adjuvante, que consistiu em radioterapia e no uso de tamoxifen, um medicamento usado em pacientes portadoras de câncer de mama hormônio-dependente. Em 2005, o tamoxifen foi substituído por inibidores de aromatase, e Maria Luiza se encontra muito bem desde então, sem apresentar qualquer evidência de doença em atividade.

Maria Luiza Polessa tem se demonstrado uma excelente paciente, realizando todas as consultas de controle, bem como os exames de rastreamento, sempre nas datas previstas; desenvolvemos ao longo desse tempo, uma excelente relação médico-paciente, que se estendeu às suas irmãs e a José Maurício, seu marido.

Hoje em dia, não tenho a menor dúvida de que a cura do câncer de mama se deve a uma série de fatores, iniciando pelo diagnóstico precoce, seguido de uma cirurgia bem indicada e bem realizada, proporcionando bom controle local da doença, associado a um excelente resultado cosmético e à realização dos tratamentos adjuvantes como a radioterapia, a quimioterapia e a hormonioterapia. Mas tenho total convicção que uma boa relação médico-paciente, um posicionamento positivo diante do planejamento terapêutico, um otimismo bem dosado e realista, baseado nos laudos histopatológicos e imuno-histoquímicos e o apoio de amigos e familiares são também muito importantes na recuperação do paciente oncológico. Por tudo isso, considero Maria Luiza Polessa uma vencedora e, de minha parte, considero-me plenamente realizado como ser humano e como profissional da área de saúde por ter participado deste processo e ter tido a oportunidade de conhecer pessoas tão especiais como Maria Luiza e toda sua família.

# III

## Meu chão, meu teto, meu céu

*Quando entendi que estava com câncer,*
*não precisei procurá-Lo.*

PARA DEUS

Deus, você sabe da minha confiança em Você. E também do meu amor, incondicional.

Quando entendi que estava com câncer, não precisei procurá-Lo. Estamos sempre juntos, em diálogos ininterruptos, estabelecidos desde o meu início, Você sabe muito bem disso. Construímos, assim, uma intimidade hoje inacessível a abalos. Nada ameaça Sua representação em mim.

O câncer me surpreendeu num momento em que a nossa relação já havia se tornado, se é que posso traduzi-la, a de um Pai sábio e amoroso com uma filha madura, suficientemente equipada para interagir com realidades inesperadas, indesejadas, assustadoras.

As dificuldades existiram, como é próprio aos processos de emancipação. Você identificou meus apelos e aproximou-se ainda mais de mim. Eu O sentia até mesmo no turbilhão das inúmeras solicitações impostas pela doença, apesar de que as horas em que mais desfruto Sua companhia serem as de quietude, recolhimento. É quando ouço revelações que meu ser reconhece e, por reconhecê-las, se acalma, se entrega, se expande, se fortalece.

Uma noite Lhe indaguei o que eu iria fazer, como iria enfrentar os tantos desafios da doença e Você me conduziu aos meus medos, às minhas dores, me fez encontrar todos os sentimentos presentes; afinal, a experiência era essa. Assim tenho seguido. Com o empenho dos aprendizes, a entrega dos devotos, a dor dos torturados, a coragem dos lúcidos e com a certeza de que eram extensões das Suas as tantas mãos que se estenderam para me acudir.

Bem, nunca alimentei a fantasia de estréias sem ensaios.

Vivi muitas experiências.

Umas me fizeram sofrer por me isolarem afetiva e socialmente. Então, descobri a essência do amor, da amizade, da confiança. Outras me desesperaram e me levaram a duvidar de um propósito divino para as chagas da humanidade. Foi quando despertei para a necessidade do serviço desinteressado. Algumas me aturdiram de tal forma que me dificultaram identificar sua presença. E compreendi o poder do silêncio, da prece, da meditação. Tantas me encantaram e me estimularam a contemplar o vigor, a beleza, a exuberância e a excentricidade nas manifestações do universo. Até que me entreguei à alegria e à criatividade, já presentes em minha vida.

O que eu não sabia é que todas estas experiências eram fios a tecer o agasalho para este inverno do corpo e da alma – que, também com Você, venho atravessando aquecida.

Obrigada.

# PARTE II

# *Sobre nós*

*A*
*pedra*
*que*
*junto*
*à*
*pedra*
*favorece*
*um*
*rumo*
*ao*
*chão*
*ignora*
*a*
*solidão*
*dos*
*que*
*trilham*
*seus*
*passos*

Ao ouvir de uma irmã "você agora está fazendo um estágio avançado em Psico-Oncologia", reconheci-me em um lugar onde só entra quem tem licença. Sou psicóloga com especialização pela Sociedade Brasileira de Psico-Oncologia (SBPO).

Quando escolhi fazer o curso, não me orientei por motivações pessoais. Não tenho história próxima de câncer na família. Pouco convivi com a realidade da doença. O que me motivou foi uma surpreendente e inesperada demanda profissional. Em poucos dias, procuraram-me pessoas que de alguma forma estavam envolvidas com o universo do câncer. Ouvi o chamado. Fiz o curso por considerar que estas pessoas seriam beneficiadas com atendimento voltado para uma realidade que hoje sei específica, apesar da compreensão de que ninguém adoece da mesma maneira, ainda que seja da mesma doença. Sinto-me contemplada.

Ao receber o diagnóstico de câncer, tinha como referência as experiências das pessoas por mim acompanhadas. Precisei criar minha própria referência. Agora, iria iniciar-me como paciente. Eu, que como psico-oncologista me dedico a curar feridas psíquicas provocadas pelos sofrimentos impostos pelo câncer, comecei a procurar cura para as que vêm se abrindo em mim.

Reconheço que a cura não está na supressão de sintomas – embora todos os esforços para combatê-los sejam necessários e sempre bem-vindos – nem na aceitação passiva dos mesmos. Está na possibilidade de expandir de tal forma a consciência que, quando em mim a vida ressecar, possa sentir, na parca umidade mantida em meu corpo, toda a grandeza do oceano.

Submeto-me a acompanhamento psicoterapêutico há vários anos. Houve algumas interrupções, mas ultimamente venho sendo acompanhada por uma psicoterapeuta transpessoal para lidar com minhas questões particulares e as decorrentes do trabalho com pacientes em estado de muito sofrimento e dor. Recebo também muita ajuda e orientação das meditações que pratico há mais de dez anos e do trabalho espiritual a que me dedico desde muito cedo em minha vida.

A experiência de agora é de outra ordem. Sou uma psico-oncologista que tem a vivência do câncer. Este tem sido o inigualável treinamento que tenho recebido. Transitar no duplo desta estrada conduziu-me ao mito de Asclépio – Esculápio para os latinos.

Segundo uma das versões deste mito, apresentada na obra de Junito Brandão*, meu professor de mitologia grega por dois anos na década de 1970, Asclépio era o imortal filho do deus Apolo e da mortal Corônis. Por saber que Apolo se manteria eternamente jovem, e temendo ser abandonada na velhice, Corônis teve um relacionamento amoroso com Ísquis, mesmo estando grávida de um filho do deus. Ao descobrir a traição, Apolo matou Ísquis e pediu a sua irmã Ártemis que matasse a flexadas Corônis. Depois, tomado de remorsos, Apolo retira do corpo de Corônis o filho, que recebe o nome de Asclépio e é entregue a Quíron, um centauro, para ser educado.

Filho de Chrono, que, para unir-se a Fílira, sua mãe, adotou a forma de um cavalo, Quíron possuía uma natureza dupla – eqüina e humana. Habitava uma gruta no monte Pélion e era conhecido por ensinar a arte da música, da caça e da guerra, ten-

---

*Brandão, J. *Mitologia grega*. Petrópolis: Vozes, 7ª ed., 1996.

do obtido também grande destaque por seus ensinamentos na arte da medicina.

Mesmo sendo um semideus, Quíron é acidentalmente ferido por uma flecha envenenada no chamado massacre dos centauros. Apesar de todos os seus conhecimentos de medicina, das incontáveis espécies de ervas medicinais existentes em seu habitat, de sua incessante busca pela cura, Quíron não conseguiu alívio para seu mal. "Quíron foi um grande médico, que sabia muito bem compreender seus pacientes, por ser um médico ferido", nos diz Junito (p.50 V. II). Asclépio foi preparado para exercer a medicina neste contexto, em que um deus curador mantém-se incuravelmente ferido. Herdou a dimensão de um sofrimento que não era apenas físico. Dedicou-se à cura pela mente – a nooterapia – e à cura pela transformação dos sentimentos – a metanóia.

O arquétipo junguiano do curador ferido levanta inúmeras e relevantes questões sobre as relações existentes entre curador e ferido, exploradas em profundidade, sobretudo pelos pós-junguianos. Mas é ainda ao mestre Junito que me reporto quando diz que "um mito escrito está para um mito em função, como uma fotografia para uma pessoa viva"(p.25 V. I). Mais adiante acrescenta: "Decifrar o mito é, pois, decifrar-se" (p.36 V. I). Esta é minha intenção.

Sou uma curadora ferida. Muitos mistérios envolvem a relação psicoterapêutica entre curador ferido e ferido que busca curar-se.

Não faço referência somente às feridas existenciais, que, por estarem vivas em nós, não faltam ao encontro com o outro. Presentes na própria ordem da vida, que inclui perdas, lutos, danos, separações, abandonos, aflições dilacerantes. Mas também, e sobretudo, àquelas causadas por uma patologia comum. Ocorre comigo. Vejo acontecer com outros profissionais. Com grupos temáticos – alcoólicos, dependentes químicos, obesos, cardíacos, portadores do HIV, mulheres mastectomizadas.

Num conceito mais amplo, considero curador aquele que passou – e passa – por onde o outro agora se encontra. É uma legitimidade adquirida. Por ser ferido é, potencialmente, curador, mesmo que informal. Ao falar de uma ferida comum, embora sentida de forma muito própria e única, também os semelhantes se curam.

A relação psicoterapêutica estabelecida entre mim e aqueles que tenho atendido tem suas particularidades. Apenas uma das pessoas atendidas, irmã de grande amiga, procurou-me sabendo que eu havia tido câncer de mama. Novos pacientes, bem como aqueles que iniciaram tratamento antes de eu adoecer, não têm informação sobre meu estado de saúde.

Recentemente assisti a um programa de televisão em que o entrevistador referia-se ao entrevistado como sendo um artista que permanecia na favela, embora tivesse condições de residir em outro local. Em seguida pediu-lhe que contasse aos espectadores sobre como era morar na favela. Ao que o entrevistado respondeu: "Não dá pra falar. Só morando."

Quem conhece, sabe. Quem não conhece, infere.

Passados os momentos de maior turbulência do tratamento, peguei os relatórios dos pacientes oncológicos por mim acompanhados antes de eu adoecer. Embora tenha reconhecido bons resultados nesse trabalho, surpreendi-me em constatar o quanto me era restrito o acesso às particularidades daquele universo. É como ouvir alguém contar sobre uma viagem a um país que eu não conhecia. Por faltar referência, escapam informações preciosas, detalhes não são registrados, cenas não são visualizadas. Ao ter visitado o país, a interação é outra. Não se trata de saber o que é para o outro, mas de saber o que é.

Não há preparo técnico que preencha esta lacuna.

No ofício da psicoterapia nunca me sinto pronta. Cada atendimento é um novo desafio. Quanto mais adquiro conhecimentos técnicos e subjetivos e mais competência tenho para abstrair-me deles, maiores são as oportunidades que observo ter o paciente de abrir espaços internos e encontrar o remédio mais adequado para o seu mal. Mas é preciso conhecer; é precioso experimentar. É um paradoxo inerente à profissão.

Um trabalho de consciência profundo requer que o guia conheça a estrada. Penso que foi o que quis dizer Jung ao afirmar que o paciente vai até onde o terapeuta foi.

Quíron mantinha-se constantemente em contato com sua chaga. O sofrimento era contínuo. Tal qual me surpreendo paciente oncológica, para quem, devido à imprevisibilidade do câncer, a cura é sem validade. Esta realidade é uma ferida aberta em mim. Para a dor por ela provocada não há remédio. Só aprendizado.

Não troquei de terapeuta por ela não ter tido câncer. Como não procurei um psico-oncologista. Tenho sido ajudada pela brilhante e sensível profissional que há muito me assiste, como tenho ajudado pacientes de cuja patologia não sou portadora. Mas uma instância fica a descoberto. Não é pouco. Só não é tanto.

Hoje, quando recebo em meu consultório uma pessoa com câncer, meu olhar, meu acolhimento, minha postura, a comunicação silenciosa da profunda intimidade com aquele universo falam de um conhecimento experienciado. Ela não sabe. Sente.

Ainda: cada dor, medo, angústia, constrangimento, insegurança, dúvida, raiva, revolta, superação, confiança, transformação reveladas pelos pacientes por mim acompanhados durante as sessões são instrumentos que favorecem a elaboração de conteúdos que se agitam em mim.

São eles participando de minha cura.

# I

## As conquistas são assim...
## vêm aos poucos

*Como sempre fazia, de seis em seis meses submetia-me aos controles normais, ou seja, mamografia e exames ginecológicos, uma vez que existiu câncer em minha família por parte de pai e os médicos achavam por bem acompanhar minha saúde mais de perto. Foi numa dessas mamografias que a atendente me pediu que esperasse o resultado numa salinha. Após algum tempo, ela retornou com a desculpa de que o exame não saíra claro o suficiente e pediu-me que o refizesse. Bem, em todos esses anos isto nunca acontecera, o que já me deixou desconfiada. Ao apanhar o resultado, percebi que minha desconfiança tinha fundamento: fora encontrado um nódulo na mama direita. Eu não sentia dor, sempre fiz auto-exames e nem sequer conseguia localizar o nódulo pelo tato.*

Sei que você ficou desapontada com o diagnóstico de câncer de mama. Afinal, para quem mantém uma rotina de cuidados com o corpo, esta notícia é inesperada. Percebi o quanto ficou surpresa ao ser informada de que os exames e acompanhamentos regulares não impedem a doença de se manifestar. Reconheço o quanto você se sente recompensada em constatar a importância do diagnóstico precoce no tratamento e prognóstico da doença.

Maiores informações sobre câncer de mama deveriam estar acessíveis a toda a população para ajudar a prevenir um possível descaso com a saúde. Evitariam a atualização do ditado que ouço algumas pacientes dizerem: "Quem procura acha." Mas, a que acrescento – a tempo.

*Numa partícula de segundo veio o filme de toda minha vida, a incógnita do que estaria por vir e de como eu enfrentaria cada passo. Meu pai falecera de câncer de esôfago e traquéia, e eu acompanhei seu tratamento e seu sofrimento muito de perto. Foram dois anos nos quais eu presenciei seu enorme sofrimento, suas dores intensas, sem que eu pudesse fazer nada para ajudá-lo, nem sequer para melhorar aquela situação. Ele faleceu aos 57 anos. Minha relação com o câncer foi, portanto, uma experiência assustadora, envolvendo muito sofrimento. Agora encontrava-me diante da possibilidade de eu estar com câncer, quase na mesma idade de meu pai e com muito medo de passar por tudo o que ele passou.*

Você acompanhou seu pai desde o diagnóstico de câncer até a morte, e essa foi uma experiência que imprimiu profundas marcas ao seu psiquismo. A herança deixada pela doença dele foi o temor não só do que você poderia padecer, mas também de como iria enfrentar as etapas de um tratamento que sabia longo, doloroso, de um mal que podia ser fatal.

Estar com câncer e ter como referência uma história muito dramática, como a de seu pai, foi o primeiro grande desafio enfrentado por você, que realizou todo um trabalho de desidentificação da vivência dele e pôde, assim, criar o seu próprio percurso, com novos elementos, inclusive para os que caminham ao seu lado.

*O ginecologista e mastologista pelo qual fui atendida foi muito claro, disse-me com uma frieza assustadora que se tratava de câncer e que era só remover tudo e fazer o tratamento usual que estaria pronta para outra! Procurei outro especialista em oncologia, que me fora muito recomendado, e este comentou que de fato seria necessário retirar toda a mama e os linfonodos e que, se eu não recorresse a ele imediatamente, nunca mais precisaria comparecer a uma consulta, pois ele se recusaria a me atender. A frieza desses dois médicos me chocou muito. Não sei até que ponto eles se tornaram assim por encarar diariamente casos muito sérios, mas o fato é que neste período tornamo-nos por demais sensíveis e acho que haveria outra forma para comunicar a presença do câncer, seus tratamentos e conseqüências. Eu não estava com medo de perder a mama, ou os linfonodos, ou o que fosse necessário para ficar saudável novamente. Nos dias de hoje, há muitas possibilidades de suavizar o pós-operatório pela reconstrução da mama. Mas doeu-me a forma como os dois médicos declararam as opções, como se tratássemos de uma mercadoria, um artigo qualquer, uma transação comercial.*

A relação médico-paciente tem destaque neste seu relato. Voltados para o exercício de uma determinada modalidade de medicina que não inclui os aspectos emocionais do paciente, alguns profissionais não têm como dimensionar o alcance de suas palavras, seus gestos, suas atitudes.

Os especialistas em oncologia entram em nossas vidas quando estamos com câncer. É preciso preparo para lidar com uma realidade tão ameaçadora à integridade física, mental e, inclusive, social: encontramo-nos particularmente frágeis, vulneráveis. Não se trata, obviamente, de transformar o consultório em um *setting* terapêutico. Uma atitude empática bastaria.

Os profissionais da área oncológica que me acompanham até hoje não me perguntaram como me sinto, como estou atravessando emocionalmente este momento. O foco recai exclusivamente nos cuidados com a patologia médica, mas nem por isso me sinto tratada com frieza ou indiferença. E esta, para mim, é mais uma comprovação da grande competência e habilidade de que são dotados.

*Um amigo aconselhou-me a procurar ajuda no INCA. E foi o que fiz. Certa madrugada, peguei um número para atendimento, passei pela assistente social e naquele dia já ficou marcada uma data na qual faria todos os exames pré-operatórios. O médico pelo qual fui atendida retirou meus pontos. E pensar que o médico que fizera a biópsia havia se negado a retirá-los a não ser que fizesse a cirurgia com ele. Quanta diferença no tratamento! No dia, havia cerca de 40 pessoas, todas tratadas com muito carinho e respeito. A estrutura desta instituição é realmente ímpar. Existem palestras antes da operação e pós-operatórias com médicos, psicólogas, assistentes sociais e nutricionistas para as pacientes e seus familiares mais próximos.*

*Na consulta com o oncologista, tive todo o esclarecimento necessário do que aconteceria dali para a frente e saí de lá com a certeza de que seria feito tudo para restituir minha saúde e preservar a maior área possível de minha mama. Um mês depois fui operada e, ao acordar da anestesia, meu primeiro movimento foi ver como estava minha mama. Os médicos haviam feito uma quadrantectomia com esvaziamento de axila.*

Você soube não se deixar intimidar. Por mais confusa, insegura e assustada que se sentisse, reconheceu que não era ali, com aqueles profissionais, que iria encontrar o que estava buscando. E, num momento como esse, manter fidelidade àquilo em que se acredita é bastante louvável.

Foi o atendimento institucional que preencheu sua demanda de cuidado e respeito; regulou sua ansiedade, confortou seu coração. Uma equipe multiprofissional como a do INCA vem lhe dando suporte clínico e emocional. Nela você reconhece a preocupação com o bem-estar dos que lá são atendidos.

*Pela proximidade do INCA, onde realizei durante alguns meses tratamento de quimioterapia e radioterapia, eu passava a semana na casa de minha filha e ia para a minha nos finais de semana. E num destes finais de semana, querendo descobrir mais sobre o câncer de mama, descobri um site sobre o assunto. Filiei-me ao grupo; todas as participantes tinham tido câncer de mama – estava em casa! Trocávamos idéias e ajudávamos umas às outras. Ainda faço parte deste grupo, no qual encontramos pessoas em tratamento, algumas que já estão curadas, filhos e familiares que entraram para o grupo para pedir ajuda e tornaram-se amigos. A sensação é que neste grupo se tem um porto seguro.*

É gratificante ver que você encontrou caminhos para elaborar as emoções que invadiram seu ser. Ter por perto pessoas com quem pudesse compartilhar tantos sentimentos foi, e continua sendo, uma ponte para a vida, pela vida.

A sua inserção em um grupo de mulheres com a experiência de câncer de mama revelou-se uma produtiva fonte de troca, esclarecimento, alívio. Creio que também de angústia, uma vez que, nos tantos anos em que você o freqüenta, também presenciou mortes, metástases...

Importa a capacidade que o grupo demonstra de se aproximar da dor do outro, de oferecer um espaço seguro no qual se possa falar dos sentimentos, dos tratamentos, dos conflitos, das mudanças que a doença traz, das transformações íntimas.

Observo nos grupos temáticos o quanto eles também se constituem como lugar onde se aprende a não se temer o silêncio. Os participantes do grupo descobrem que muitas vezes não há nada que se possa dizer ao outro, e isto pode ser tão acolhedor quanto a palavra mais confortadora.

Talvez por termos, ou desejarmos ter, uma noção – até mesmo um certo controle do que possa acontecer no encontro com o outro –, acabamos por temer, ou evitar, o contato com aqueles que atravessam acontecimentos dolorosos na vida.

Suportar a impotência diante da dor do outro é poder levar a ele a presença e, com ela, todo o universo que pode se abrir a partir deste encontro. Subestimamos o significado de um olhar, de um segurar de mãos, de um enxugar de suor, de um ajeitar de travesseiro, de um abrir de janela para mostrar a claridade do dia ou as estrelas na vida de quem não pode gerenciar a satisfação de suas necessidades e desejos.

No período em que cuidou de seu pai, você não se reconheceu em condições de fazer alguma coisa que pudesse ajudá-lo, que aliviasse seu sofrimento. Hoje você sabe das múltiplas, mas sutis, possibilidades de se fazer algo que traga conforto àqueles que sofrem. As conquistas são assim, vêm aos poucos...

*Formada em Educação Infantil, não pude mais exercer minha função, uma vez que não poderia mais contar com meu braço direito – ele tornara-se um braço especial! Trabalhando com crianças na idade de 2 a 4 anos, impreterivelmente teria por vezes que carregá-las no colo ou segurar suas mochilas. Daqui para a frente, não deveria mais pegar peso, se possível, não me machucar, pois a falta dos linfonodos faz com que a cicatrização fique comprometida e o braço mais suscetível ao inchaço.*

*Eu estava de licença do meu trabalho na creche. Após dois anos, recebi alta para trabalhar – eu poderia recomeçar no dia seguinte. Na creche, já haviam contratado outra profissional, afinal de contas não poderiam esperar eu me recuperar nem sabiam se eu voltaria a trabalhar lá. Apresentei-me no trabalho como me fora indicado e, por não poder exercer mais minha função anterior e por não haver nenhuma outra função que eu pudesse ocupar na creche, eu fui demitida. Diante da impossibilidade de trabalhar na minha área de formação, entrei com recurso na Previdência em abril de 2003, não recebendo resposta até a presente data.*

Imagino o impacto causado nos desinformados pelas barreiras que você, na condição de paciente oncológica, vem atravessando para ter seus direitos assegurados. Esta tem sido a desumana realidade que vejo a cada dia em meu consultório. Quem a conhece sabe o quão intransponível ela é. Fala-se com relativa freqüência nos direitos do paciente com câncer. Muitos são os que se dedicam a esta causa. Mas como estamos distantes de oferecer um tratamento digno e justo ao cidadão oncológico!

Os danos emocionais desta desproteção social têm repercussões inimagináveis na vida de quem enfrenta uma realidade sobrecarregada de questões subjetivas e práticas.

*Ao escrever este depoimento, voltei ao passado, a um passado que ao mesmo tempo está tão distante e tão presente, que deixou uma marca profunda em meu ser. Que fez com que eu operasse mutações em mim, que eu descobrisse forças escondidas e novas esperanças.*

*Vejo o mundo com outros olhos, tento viver o dia, não o passado ou o futuro. Tento...*

*Quando vou ao INCA pegar meu remédio ou fazer exames de rotina, tenho vontade de dizer para todas que estão iniciando este longo caminho que confiem em Deus e em si mesmas, que encontrarão forças para vencer esta difícil batalha.*

*Em todo este processo que me "tirou do ar" por alguns meses, eu encontrei tantas situações maravilhosas que encobriram facilmente os muitos momentos de tristezas que invariavelmente vivi.*

*Meus filhos, netos, amigos e alunos deram-me suporte total, um carinho indescritível que fez com que eu prosseguisse com mais firmeza neste novo caminho da vida. Muitas coisas que eu não falava, passei a dizer, nunca no intuito de magoar, mas de não me deixar magoar.*

*Tenho a chance de acordar todos os dias, agradecer a Deus por estar sem dores e poder movimentar-me, poder ver, ouvir, respirar, viver...*

*Viver, algo tão maravilhoso e difícil ao mesmo tempo, enfrentar as pedras do caminho, até quando? Não importa... Importa a qualidade do momento, o reconhecimento de que não estamos sozinhos, nunca, de que sempre estaremos com alguém por perto para nos dar a mão e dizer: "Isto passa, é só uma fase e para tudo há solução, ou pelo menos tenta-se encontrar uma saída!"*

Quando, ao término de seu discurso, você fala, dentre outras coisas, que não importa saber até quando vai viver – aliás, como sabê-lo? –, fica clara a sua escolha pela qualidade do viver. Já que o quando lhe foge ao controle, o como está em suas mãos e você o tem transformado em um alimento útil e transformador.

## II

# A transformação do câncer em uma experiência passada

*Abril de 2003. Fui fazer um exame de mamografia por recomendação da minha médica homeopata. O motivo? Não agüentava mais continuar fazendo reposição hormonal. Há uns 10 anos eu lutava contra essa indicação unânime dos médicos. A Medicina também tem seus modismos que, apesar de científicos, tornam-se ultrapassados por novas pesquisas que passam a indicar outros procedimentos. Por quê? Bem, porque o resultado esperado não compensa os riscos. Aí, aquela febre de todo mundo usar hormônio na menopausa começa a ir por água abaixo, e lá vamos nós ser cobaias em outros experimentos. Nesse caso, a médica sugeriu fazer uma mamografia para acompanhar o comportamento das mamas após a mudança de substância.*

*Fui buscar o resultado do exame. Confesso que estava um pouco apreensiva; é sempre um estresse abrir aquele envelope. Principalmente quando a médica solicita, no momento do exame, um complemento porque deu alguma alteração no filme.*

*Abri o envelope num sinal de trânsito. E aí veio o primeiro choque! O que significa esse tipo V? Que história é essa de sugerir uma biópsia? Parei o carro! Por sorte estava na entrada de uma garagem; as pernas tremendo, o coração batendo na boca, a mil por hora. Meu Deus, o que é que eu vou fazer? Preciso achar urgente meu médico. Quando eu li, por telefone, o resultado do exame, ele me pediu que conversássemos pessoalmente.*

*Entrei na sala, sentei; estava me sentindo apavorada – gente, essa emoção é indescritível! Medo, muito medo, mas com uma pontinha de esperança: "Quem sabe tudo não passava de um engano e o exame estava ótimo?" O corpo todo tenso e o peito tão apertado que eu mal podia respirar.*

*Ele olhou o exame e me disse que o resultado sugeria um diagnóstico de câncer, embora a extensão da doença só pudesse ser avaliada após uma biópsia e que, dependendo do tipo de tumor, poderia ser necessária uma mastectomia radical (quer dizer, retirada da mama). Bem, a partir daí eu já não entendia mais nada direito. Não sabia se chorava, não sabia o que perguntar, não sabia se devia continuar ali.*

Que momento mais aterrorizante o do diagnóstico! As referências somem, o coração bate, somos tomados de pavor, medo, tensão, o peito aperta, a respiração trava, além das tantas outras emoções indecifráveis no momento, que só aos poucos identificamos, elaboramos, integramos.

Ao ler seu relato invadiu-me a mente a imagem de uma mulher desembarcando em uma estação de trem e percebendo-se subitamente cega. O trem partiu, as pessoas tomaram seus rumos e ela ali. Como prosseguir? Em que direção? Como chegar ao destino previamente traçado? O que vai ser dali para a frente?

Os que trilharam este caminho sabem que aos poucos aprendemos a nos conduzir neste novo universo, a conhecê-lo, a lidar com ele, a aceitá-lo e a com ele interagir. Desde que se continue a trabalhar neste sentido.

*Agora o medo começava a ganhar contornos de realidade. E aí vem tudo o que essa doença traz. O medo da cirurgia, da quimioterapia, de ficar careca, da dor no braço, dos cuidados com o braço, da radioterapia. Ah, a vergonha do corpo, de um corpo mutilado... as fantasias de não ser mais uma mulher atraente, de não sentir mais tesão, de meu companheiro não sentir mais atração pelo meu corpo. Um pavor de pensar que já poderia estar com metástase em outro lugar e de que a morte poderia vir a ser muito sofrida.*

Por mais desinformada que seja, a mulher sabe, quando recebe um diagnóstico de câncer de mama, que terá pela frente uma rotina intensa, longa, de procedimentos dolorosos, invasivos. A isso, que não é pouco, mas que está longe de ser tudo, vem se somar o medo da morte, o temor pela mutilação, as inquietações sobre a própria sexualidade, a perda da libido e a angústia em não mais se reconhecer como objeto de desejo.

A inclusão da sexualidade dentre os conflitos vivenciados por você desde o seu contato inicial com o câncer chamou minha atenção.

A sexualidade é uma questão que aflige sobretudo as mulheres sexualmente ativas que apresentam câncer de mama, embora poucas se ocupem, diretamente, nas sessões psicoterapêuticas, de seus anseios e temores sobre ela durante ou logo após os tratamentos mais imediatos.

Considero, como você, que a maior ameaça para a sexualidade feminina é, sem dúvida, a mutilação. Embora as técnicas de reconstrução mamária atendam cada vez mais às necessidades da mulher, de um resgate de sua imagem corporal, muitas vezes elas se realizam em etapas, nem todas têm acesso a tais procedimentos; certas mulheres, devido ao grande sofrimento imposto pelos tratamentos, temem a manipulação no local e se recusam a submeter-se a novas cirurgias. O abalo que o psiquismo sofre diante de experiência assim tão traumática e intensa também dificulta a intimidade com o próprio corpo.

Mas, à medida que a vida retoma um ritmo, mesmo diferenciado do anterior, a sexualidade volta a ocupar o papel que lhe era dedicado antes da desordem provocada pela doença.

Seu texto me fez relembrar como vivi minha sexualidade durante a doença, e reconheço que ela atravessou algumas etapas. O período entre a mamografia e a core biópsia foi marcado por uma intensa atividade sexual. Foi curto, em torno de 4 ou 5 dias durante os quais não sabia de nenhum resultado concreto. Um tempo de espera preenchido por intensos contatos físicos. Comunicávamos, com nossos corpos, o que em alguns momentos não conseguíamos traduzir em palavras.

Depois vieram exames, resultados, procedimentos e com eles um certo distanciamento do interesse sexual.

Encontro-me agora em outra etapa. Por ter apresentado tumor hormônio-dependente, passei a fazer uso de um antiestrógeno. Sem este hormônio, o organismo feminino sofre comprometimentos em seu desempenho sexual.

Lembro-me de quando me queixei, em uma consulta médica, do intenso ressecamento vaginal que passei a apresentar após fazer uso do antiestrógeno. Em um primeiro momento o médico me disse que usasse um lubrificante de minha preferência, ao que respondi não ter conhecimento de nenhum, uma vez que ainda não havia necessitado de tal recurso. Em outra ocasião respondeu-me dizendo que eu estava de parabéns, que meus exames estavam ótimos, o que interpretei como: você teve câncer, atravessou o tratamento, seus exames estão ótimos, o que é que você quer mais? Por que você está preocupada com isso? E como não me preocupar, e muito, com tão fundamental questão?

*No plano físico, o apego ainda é grande e a dor é do tamanho da perda que vislumbramos. Passa tudo pela cabeça: a tristeza por uma morte prematura, a saudade dos filhos, os netos que eu não vou conhecer. Não senti medo da morte, porque para mim ela é somente uma passagem para outros planos, mas fiquei apreensiva com o que poderia sentir até ela chegar. Pensava no companheiro casando de novo, nos amigos tristes. Mesmo não querendo pensar negativamente, pensar nas coisas ruins que podem acontecer, isso tudo passa pela cabeça. Mas também pensei no carinho e apoio que todos iam me dar e o quanto ia ser gostoso receber tanto mimo!*

Você fala de como vai ficar sem as coisas que compõem o seu universo e de como este universo vai ficar sem a sua presença. Considero tudo isto muito instigante. Afinal, cabe mal em nosso sistema de crenças construir coisas e não saber que destino será dado a elas.

Quanta angústia face às perdas vislumbradas!

Quanto sofrimento o medo de sofrer traz!

Como queima a dor do luto antecipatório!

Quantas vezes o imaginário é mais cruel que a realidade!

Se sua vida tivesse sido interrompida ali, o que você deixaria? O que dela levaria? O que seria feito do que foi semeado? Como se sentiria perante as inúmeras possibilidades de realização do que você não teve tempo de ver, de acompanhar?

Para cada pergunta, incalculáveis respostas. Para mim, a certeza de que a melhor que encontrei é estar prosseguindo com a consciência expandida por cada descoberta.

*Uma das minhas preocupações durante todo esse tempo era contar para poucas pessoas. Essa é uma doença que tem um peso muito grande, e é só falar que uma pessoa está com câncer para todos ficarem assustados, impressionados e sem saber o que dizer. Parece que a pessoa está comunicando a sua sentença de morte, e aí todos ficam com pena dela. E eu não me sinto muito bem nesse papel de vítima, de pobre coitada. Sempre fui uma pessoa forte, encarei todas as dificuldades de frente e sem dramas porque fui educada assim. Minha mãe me ensinou a resolver os problemas com coragem e confiança, desde pequena e me deu independência e responsabilidade pelas decisões. Acredito que tudo na vida tem uma razão de ser e que, se não compreendemos o sentido de algum acontecimento no momento, em outra ocasião tudo se esclarecerá.*

O diagnóstico de câncer é geralmente recebido como uma sentença de morte, como você bem o declara, e existem contundentes motivos para que assim o seja.

A desinformação, a dificuldade de se detectar precocemente a doença, a deficiência de uma política pública de prevenção e tratamento à população, a escassez de aparelhos de mamografia na rede pública, considerados de alto custo, o muitas vezes inviável deslocamento de paciente e acompanhante para tratamento nos grandes centros são alguns dos responsáveis pelo mau prognóstico de muitos casos. Ao que se acrescenta o fato de a medicina não ter ainda recursos para tratar satisfatoriamente todos os tipos da doença e, mesmo os tendo, nem sempre os resultados corresponderem às expectativas.

Seu relato chama a atenção para uma das muitas atribuições do paciente oncológico: a de circunscrever o grau de interferência do outro na privacidade de sua relação com o câncer. Queremos escolher a quem comunicar nosso estado de saúde, em que momento fazê-lo. Até mesmo porque muito do que ouvimos nesses contatos nos inquietam, preocupam, aborrecem, somamse às já numerosas informações que recebemos e ainda não tivemos condições de assimilar.

Uma das reflexões que fiz sobre sua declaração conduziu-me ao reconhecimento de uma certa necessidade, presente nas pessoas, de falar sobre a morte. Como as oportunidades não são tão fartas assim, quem apresenta uma doença com este estigma pode se tornar um interlocutor em potencial do tema. Tenho constatado que, quando não há recusa a diálogos desta natureza, a troca se torna muito produtiva.

Lembro-me de uma paciente que acompanhei durante todo o percurso – do diagnóstico ao retorno às atividades profissionais – cujo tratamento foi marcado de êxito. Chegava ao consultório, durante um número razoável de sessões, dizendo "eu sei que estou bem, o tratamento está tendo os melhores resultados, a cada dia aumenta o espaço em minha vida para a entrada de outros compromissos que não os relativos ao câncer, mas o que eu quero falar aqui é o que estaria acontecendo comigo, como eu estaria vivendo se o tratamento não estivesse dando certo". Ao que lhe perguntei: "Se você estivesse morrendo?"

O sim da resposta foi uma entrada em profundo mergulho no que desejaria estar fazendo no momento, de como gostaria de estar conduzindo sua vida, empregando seu tempo. As transformações que realizou seriam consideradas impensadas em outro tempo. Ela hoje sabe o que considera importante e o que é preciso ser feito para arrumar a vida a seu favor. O que só foi possível a partir de suas reflexões sobre a morte. Além de um estigma, a morte é uma realidade.

*Ficava me questionando: "Por que eu havia desenvolvido um câncer de mama?"*

*A morte de meu pai há cerca de 2 anos? Não, não fora uma situação tão traumática, apesar de ele ter morrido de câncer de pulmão. Afinal, depois que ele se afastou da família ao se separar de minha mãe e contrair um novo casamento, fomos nós que cuidamos dele, e para mim este reencontro representou uma graça divina, porque pudemos reatar nossa relação de amor e carinho, algo que eu nem pensava em viver novamente.*

*Será que foi um problema sério que eu tive com a minha filha do meio, uns 4 anos atrás, e que foi de fato uma situação bastante traumática cujas conseqüências poderiam ter sido bem piores, caso eu não tivesse entrado de cabeça para ajudá-la a sair da situação? Ela teve problemas sérios com drogas e eu precisei interná-la numa clínica para tratamento de dependência química. Ela só tinha 16 anos, e, até tomar esta decisão, passamos por várias crises, inclusive com violência física. Foram 2 anos de tratamento, ela e eu, porque os familiares também adoecem. Nesse período, o mundo parecia ter virado de cabeça para baixo e o sofrimento, confesso, foi bem maior que o câncer. Entrei em um mundo que eu desconhecia e onde só há sofrimento e dor.*

Quase todas nos fazemos esta indagação. A diferença está na maneira como cada uma lida com este tipo de questionamento.

Você relaciona algumas causas para o seu adoecimento, mas não o atribui, com exclusividade, a nenhuma delas, e este é um caminho que oferece inúmeras revelações, você bem sabe. Foram experiências marcantes, dolorosas, reinterpretadas e resignificadas por você, e esta é uma inegável contribuição que lhe trouxeram.

Você fala da presença de outras experiências em sua vida, cujo sofrimento foi maior que o vivido com o câncer, e muitos vão entender o significado de suas palavras. Embora tenha seus estigmas, ele também gera um sentimento de solidariedade nas pessoas. Cada um, de uma forma mais próxima ou mais distante, quer fazer alguma coisa para ajudar. É uma oração, uma ida ao supermercado, um acompanhamento ao médico, um prato de doce, um chá, uma cesta de frutas, palavras, presenças. Enquanto outras situações nos deixam muito isolados afetiva e socialmente, sem espaço para viver nossos lutos, nossas dores, proscritos pela vergonha e pela culpa.

Na vida de muitas, o câncer de mama não é a pior coisa por que passaram.

*Eram tantas as perguntas... Eu precisava de alguém que pudesse me ajudar a compreender e aceitar os motivos que poderiam estar por trás desse câncer. Aprender a conviver com a doença, a aceitá-la, e encontrar uma forma de viver sem culpa, sem deixar de lado os cuidados necessários.*

*Uma colega me indicou uma amiga que faz um trabalho na linha da psicologia transpessoal. Perfeito! Não poderia compartilhar minhas questões com alguém que não considerasse a dimensão espiritual num trabalho psicoterapêutico.*

Você desenvolve um trabalho espiritual há muitos anos, além de ser, também, psicóloga. Sabe que a psicologia transpessoal reconhece o homem como um ser bio-psico-social, espiritual e cósmico. Razão pela qual fez a escolha por este tipo de acompanhamento. A Psico-Oncologia tem, no meu trabalho, esta abordagem.

Uma pessoa atormentada por uma doença, dilacerada por uma perda, busca uma compreensão para o seu sofrimento que será facilitada se ela mesma puder vivenciar um estado de consciência diferenciado e, a partir dele, encontrar outras possibilidades de lidar com a realidade em questão.

Buda falou a uma mulher enlouquecida pela dor da perda de marido, filhos e pais, após ouvi-la e legitimar seu sofrimento: "Mas quem é você além dessa dor?"

Quem somos nós além das dores que vivemos?

Aquele que se faz indagações como esta e silencia o suficiente para acolher o que lhe é revelado, apresenta-se à dimensão espiritual da existência. Desse contato com o sagrado, que não passa necessariamente pela religiosidade, expressa-se, apontando possibilidades inimagináveis de transcendência, a espiritualidade.

*Falávamos dos sonhos – que eu anotava em um caderninho comprado especialmente para isso –, dos medos, das culpas, das crenças, da vontade de ser feliz e de como me sentia ao entrar neste universo do câncer. Sim, porque de repente eu passei a viver num mundo inteiramente novo, novo de palavras, de preocupações, de mudança na rotina diária, de interesses. Falávamos disso, e eu gostava de ir me descobrindo no meio desse universo. Ouvia muito atentamente suas interpretações, suas orientações e esclarecimentos, e gostava de aprender os cuidados necessários, tanto para durante como para após o término das sessões de radioterapia. O que eu mais aprendi, além de aceitar a doença, foi a lidar com a minha liberdade sem culpa. Desde que me aposentei não me permitia gozar a tão esperada "alforria". Sempre me cobrando estar ocupada, trabalhando ou estudando, minha vida não havia mudado muito. Parecia que saboreá-la era coisa de dondoca, um tanto supérflua e fútil.*

*Hoje sou outra pessoa. Ocupo meu tempo comigo, com cuidados com o meu corpo e saúde. Entrei para uma academia e, além da ginástica, tenho diversas outras atividades: danço, pratico ioga, faço alongamento. Passo quase toda a manhã lá. Fiz novas amizades com pessoas que eu nunca pensaria em conhecer e aprendi a deixar de ser um pouquinho preconceituosa com a futilidade. Afinal, vivemos numa sociedade narcísica que tem lá suas gratificações. Intensifiquei meu trabalho espiritual, adoro ler sobre nutrição e hoje tenho uma alimentação bem mais natural. Como sempre fui muito agitada, tenho curtido poder fazer tudo com calma; ando na rua mais devagar, olho as vitrines, leio bastante e estou sempre disponível para os amigos e a família. Sinto-me mais jovem e cheia de vida, e confesso... até esqueço que eu tive um câncer!*

Sua declaração final, de que hoje você até esquece que teve câncer, pode ser, sobretudo para os recém-chegados ao universo desta patologia, uma oportunidade de lançar um outro olhar para a relação com a doença.

Em meu consultório ouço, com relativa freqüência, pacientes dizerem que o último pensamento ao adormecer é o câncer e a primeira lembrança que lhes vêm à mente ao despertar é o câncer. Reconheço que em algum nível nos tornamos cancerofóbicos. Os longos e intensivos tratamentos, as conversas de sala de espera, com suas histórias quase sempre assustadoras, os inúmeros casos malsucedidos dos quais tomamos conhecimento, a rotina de exames, tudo nos aproxima de tal forma do contexto de enfermidade que até nos esquecemos da nossa saúde, motivo principal da realização destes procedimentos. Pensamos o tempo todo na doença, qualquer sintoma é a ela relacionado, somos invadidos por um pavor incontrolável da recidiva, da metástase, e acreditamos que assim vamos permanecer. Na ciranda de consultórios, clínicas, laboratórios, dos medos, das expectativas de...

E vem você dizer que a partir de um momento tudo isso saiu de sua vida, que pôde transformar, também esta, em uma experiência passada.

Muitos vão duvidar. Mas já tomaram conhecimento de que esta é uma realidade possível.

# III

# A estréia e a despedida de cada dia

[I]

A arte da despedida
de outono

*Aos 50 anos, ao fazer um balanço geral, refleti que a vida tinha sido bem generosa comigo e resolvi dar uma festa de aniversário a que compareceram amigos vindos de longe, amizades de mais de 40 anos. A celebração foi muito gostosa entre todos nós, que permanecemos até hoje grandes amigos.*

*Em abril de 2000, assistindo ao programa do Larry King, vi um painel de médicos especializados em câncer e eles disseram que adultos acima de 45 ou 50 anos que tivessem tido pai com história de câncer de intestino, tinham uma chance de mais de 60% de vir a ter também, e que uma colonoscopia estava na ordem do dia.*

*Quase caí do sofá porque meu pai morreu de câncer de cólon aos 65 anos. Rapidamente providenciei o exame que, após 10 dias, deu positivo. O meu desespero e o de minha família foi imenso.*

Ao saber da forma como você chegou ao diagnóstico de câncer, refleti muito sobre o alcance que a informação pode ter na vida de uma pessoa.

Você recebeu uma orientação e dela beneficiou-se por ter reconhecido que lhe dizia respeito. Quantas vezes temos acesso a resultados de pesquisa e não nos incluímos naquele referido contexto! Medo? Onipotência? Desconhecimento de nossa história patológica pregressa?

Você conhece sua biografia, identificou como potencialmente seu aquele universo, acatou a sugestão recebida, procurou um especialista, realizou exames e vem enfrentando a desafiadora realidade de receber um diagnóstico de câncer.

Em maio fiz minha primeira cirurgia e, em seguida, iniciei a quimioterapia. Tomei 5-Fluorouracil, Calcium Folinato e Leucovorin. As sessões eram a cada 15 dias e duraram 6 meses. Nas primeiras três sessões, achei que não era nada demais; ficava um pouco zonza durante a aplicação, mas não sofria muito com efeitos colaterais, apenas sentia uma certa fraqueza física. Após este período, as coisas começaram a se complicar, e os exames de sangue, sempre feitos antes de toda aplicação de quimio, indicavam a queda de plaquetas e o aumento da anemia. As noites nos três dias seguintes à aplicação eram leves, mas do quarto ao sétimo ou oitavo eram dias de muito vômito, com baldes ao lado da cama para expelir pura bílis. Os ataques de vômito não são aquela coisa comum que todos experimentam. Depois da quarta vez, eles me faziam tremer inteira como se um vulcão explodisse dentro de mim. Houve noites em que o tremor era tão forte que acabava me levando de madrugada ao hospital para tomar algum remédio que diminuísse as quase convulsões. Se eu precisava ter uma noção do que é o inferno, eu diria que cheguei à porta dele.

Foram dias de ficar jogada na cama ou no sofá da sala completamente enfraquecida, sem poder pensar direito, incapaz de imaginar o que me reservava a meia hora seguinte. Quando muito, vivia o minuto. A minha impressão, com o mal-estar físico, era que eu me encontrava na Idade Média, combatendo sozinha um mal para o qual havia tratamento, mas um tratamento medieval, que era do tempo das cavernas, e sem garantia de cura.

A agressão física é imensa e, por mais que se tente manter o astral leve e pensar que em 6 meses tudo terá passado, ainda assim é atroz. A zonzeira e a leveza na cabeça me impediam de conseguir que as coisas fossem feitas à minha maneira. Faltava energia para organizar desde os cuidados pessoais com medicamentos aos cuidados com meu filho e com a casa. Havia uma

*noção nublada do que acontecia ao meu redor, e só me restava
concordar com tudo o que diziam, porque era necessário muito
esforço mental para um simples pensamento.*

*Em meio a esta avalanche de novas informações para o corpo,
é preciso discernir o que é prioritário. Estava claro para mim que
a semana sem quimio era reservada para minha recuperação física, e eu tinha que atingir meu melhor possível entre uma quimio
e outra. Esforçava-me para caminhar muito lentamente, tomar
um pouco de sol, deitar-me numa grama, olhar o céu desenhando-se por entre a copa das árvores e rezava muito para que a
misericórdia divina não deixasse meu filho sozinho tão cedo.*

O seu sofrimento com a quimioterapia foi avassalador. Os
vômitos, o mal-estar, as reações agressivas e difíceis de serem
controladas, a perda total da autonomia, da capacidade de auto-
gerenciamento provocaram em você sentimentos de profunda
estranheza. Seu corpo estava dominado por movimentos que
desconhecia e não sabia aonde podiam chegar.

Sei o quanto é difícil recuperar o leme quando estamos à deriva.
Em tais circunstâncias, proponho trabalhos de imaginação ativa,
vivências; conduzo exercícios de relaxamento, visualização; aplico
técnicas de hipnoterapia, ensino exercícios de auto-hipnose.

Tudo o que estiver ao alcance do profissional para aliviar
os sintomas dos pacientes deve ser disponibilizado sem reser-
vas, embora nem sempre seja possível oferecer recursos médicos e psicológicos que promovam satisfatoriamente conforto
e bem-estar aos que estão sendo submetidos a procedimentos
invasivos, dolorosos.

*Porém, passados os 6 meses da quimio, o alívio é imenso, você se prepara para recuperar os quilos e cabelos perdidos e, de três em três meses, readentra a sala do oncologista pensando "como fui boba em me apavorar", sorri a todos, tem uma alegria imensa em sair da sala e ir ao encontro dos problemas do dia-a-dia, cheia de otimismo. "Puxa! Como pude pensar que tinha problemas antes de fazer a quimio? Problemas da vida, interpessoais, profissionais, familiares são deliciosos de se resolver! Basta sorrir e ter compaixão que as pessoas resolvem os problemas sozinhas." Guardadas as devidas proporções a outros problemas muito mais sérios vividos por outras pessoas, eu me sentia disposta a aturar até mesmo outras cirurgias, contanto que não tivesse, NUNCA MAIS, que fazer quimio.*

Agradeço-lhe a oportunidade de, por seu relato tão contundente, veemente, desesperado dirigir-me aos que, direta ou indiretamente, lidam com a quimioterapia. Não omitir esta realidade é poder comunicar que, por pior que tenha sido, você a enfrentou. Uma das grandes dúvidas que acomete os que adentram esse universo diz respeito à capacidade de suportar todas as etapas do tratamento, de atravessar um túnel sem saber se haverá saída.

Quando a convidei para relatar o que enfrentou com a doença, sua intenção inicial em não revelar tudo o que sofreu, em querer "dourar a pílula" por temer assustar as pessoas foi transformada na medida em que você percebeu a contribuição que pode dar a elas ao lhes confessar que chegou à entrada do inferno mas não o adentrou, nem fez dele sua morada.

Em suas reflexões, você constata o quanto a lente do sofrimento transforma a ótica dos acontecimentos. Por meio delas, você conquista oportunidades de elaboração de suas atitudes, de avaliação da importância que vem atribuindo aos eventos de seu dia-a-dia.

*Porém, havia sempre um resquício de preocupação com relação ao CEA (Antígeno carcinoembrionário. Proteína que, quando em altos níveis no sangue, pode indicar que o câncer é agressivo ou já se espalhou para outros órgãos), que com o passar dos meses foi se tornando uma obsessão: pouco a pouco ele foi chegando perto do limite considerado seguro e as luzes amarelas se acenderam. O apavoramento se instalou quando, 2 anos depois, vim a descobrir que tinha um câncer em algum outro lugar, não sabia onde. As "células sem graça" se grudaram em algum tecido distraído e ali estavam aliciando outras.*

*Lembro-me de olhar no espelho e não conseguir me ver como eu sempre me via. Anteriormente, eu tinha uma auto-imagem de uma pessoa feliz, de bom humor, e agora era apenas uma figura magra, com a boca caída dos lados, com olheiras muito fundas, em constante choro, vendo infelicidade em cada notícia. Evitava olhar-me no espelho de manhã cedo para não ver aquela figura amargurada. E assim, em 2002, descobrimos que havia metástase do intestino no fígado e de novo fui operada.*

*Nova quimio. Fiz uma sessão com 5-Fluorouracil e Camptosar enquanto aguardava o resultado do material retirado do fígado que permitiria saber quanto as células bombardeadas pela quimio anterior haviam sido resistentes. Este material foi enviado para análise num laboratório de Botucatu, onde eles avaliaram a eficiência dos três remédios sobre as células do câncer inicial. O resultado foi desanimador, porque elas haviam sido 100% resistentes ao 5-Fluorouracil. Então, na minha mente, eu havia sofrido feito o cão, mas só havia perfumado as "células sem-vergonha".*

*Quimio nova e mais arrasadora. Mudamos os medicamentos para Camptosar e Eloxatin. Desta vez o cabelo caiu quase todo e fui obrigada a alternar entre lenço e peruca, mas como ela é meio asfixiante para o calor do Rio de Janeiro, o lenço foi a melhor opção para o dia-a-dia.*

Um diagnóstico de metástase é, quase sempre, recebido como um carimbo de falência, de incompetência, uma sinalização de que o organismo não está encontrando o caminho da cura, o que gera atordoante desorientação. É o momento em que se passa da luta pelo restabelecimento da identificação com a saúde – abalada com o primeiro episódio do câncer – à luta pela sobrevivência, agora mais claramente ameaçada.

Você precisou lidar com a frustração de haver se submetido a um procedimento violento, que muito a fez sofrer e que resultou inócuo. Suportou o que desejou que jamais se repetisse, submetendo-se a novas sessões de quimioterapia. E o fez com a mesma resiliência presente no primeiro ciclo de tratamento. A resiliência, essa capacidade que certas pessoas têm de não sucumbir às adversidades, adquiriu em você uma expressão essencialmente dinâmica, mobilizadora de conteúdos internos capazes de sustentar a dor, as dúvidas, os medos, os desapontamentos.

Vejo pessoas passarem por situações semelhantes com uma atitude passiva, sentindo-se humilhadas, impotentes, esquecidas da capacidade de se recompor intimamente, de realizar este trabalho silencioso, reestruturador de significados.

*A proximidade da morte, desta vez, fez com que eu me tornasse proativa e começasse a esvaziar e limpar guarda-roupas, na certeza de que meu filho não saberia o que fazer com tantas coisas, muitas inúteis, e, no meu entendimento, reduzir o contato com minhas memórias só poderia ajudá-lo.*

*O medo do sofrimento antes de morrer é congelante e paralisante por um lado, enquanto por outro é um disco repetindo um único tema, que fica rodando na cabeça sem parar. Cada pessoa que se vê e se encontra é uma pequena despedida. Minha solução foi criar um distanciamento das coisas, das pessoas, para não sofrer muito e para não causar dor maior aos outros. Podia ler o sofrimento nos olhos do porteiro do prédio que se via incapaz de poder ajudar e só podia ser cada vez mais gentil com minha fragilidade. Não há como deixar de perceber o olhar de pena nos outros, porque todos se sentem paralisados na sua capacidade de ajudar. Como pode um corpo tão grande, tão cheio de vida em 99,99% de sua extensão ser derrotado por estes milésimos de células ruins? Eu sabia que só poderia criar uma luta interna em que reforçasse a energia das boas células e aos poucos fosse carinhosamente pedindo para as ruins irem se retirando... com todo respeito à força delas, e com muita humildade. Eu as criei, permiti que de alguma maneira se desenvolvessem, e não poderia ser indelicada com elas.*

*Olhar uma folha se desprender de uma árvore e lentamente pousar no chão despertava a minha própria imagem. Eu já sou esta folha? Chegou minha hora? O vento está mais forte do que posso agüentar?*

Você se dedicou, intuitivamente, a atividades que profissionais especializados em acompanhar pacientes terminais e pessoas enlutadas também conduzem. É a distribuição de roupas, livros, cds, dvds; a destinação de outros pertences. Muitas vezes é a busca por uma reconciliação ou até mesmo uma revelação. Um perdão a pedir, a oferecer, um segredo a revelar, um livro a escrever.

Nestes momentos as pessoas, não raro, param de lutar com seus egos, de medir forças com a doença e rompem um estado de consciência ordinário, o que as faz perceber o que antes não percebiam e a manifestar interesses muitas vezes surpreendentes até para elas mesmas.

A sua compreensão de ter criado as células cancerígenas e permitido que se desenvolvessem é determinante no estabelecimento do diálogo que passou a travar com seu corpo, em que seleciona o que quer ou não para você. A inauguração desse padrão reflete toda uma atitude mais seletiva perante a vida, o que possibilita a escolha do tipo de vínculo que deseja manter com o que lhe acontece. Assim vem agindo com a sua alimentação, seus relacionamentos, seu estilo de vida, suas lembranças e memórias.

Ao comparar-se a uma folha que cai, você estabelece um íntimo contato com a condição na qual se encontrava no momento. Reconhecer os sinais de falência do corpo é uma preparação para a partida, etapa necessária a muitos pacientes.

*Onde errei? Por que eu, quando há tantos bandidos por aí que estão supersaudáveis fisicamente para continuarem com seus atos de crueldade? Por que impor tanto sofrimento aos meus familiares e amigos?*

Querer saber onde está o erro é uma interrogação que muitas vezes não nos furtamos fazer. Muito podemos aprender a nosso respeito com as respostas encontradas, e com nossas atitudes diante da falta de respostas.

Os bandidos estão por aí saudáveis e você está doente. O que fazer com esta constatação? Como lidar com a raiva, a revolta, a indignação nela contidas? A quem endereçar essa queixa? Na medida em que puder assenhorear-se de sua biografia, você reconhecerá o quanto tudo que lhe acontece se insere no contexto superlativamente singular de sua vida.

É preciso identificar e compreender cada atrocidade humana intrinsecamente afim com o universo de quem a pratica; não decodificamos, porém, todos os sinais porque a vida é uma metáfora tão desafiadora que não aceita tradução previsível.

*Fui várias vezes ao centro espírita Frei Luiz, onde recebi atendimento muito especial e, em uma das ocasiões, o médium me disse que eu estava curada. Mas o que significa estar curada para os espíritos? Pronta para passar para o lado de lá? Pedia muito a meus amigos que rezassem ajoelhados no milho, para que as preces deles fossem ouvidas – eu duvidava que eles estivessem com tanto crédito lá em cima... Mas estavam com milhões em crédito e pediram muito por mim.*

*Em 2004 tive mais dois episódios de câncer. Em maio operei de novo o fígado, e em julho o pulmão. Todos foram metástases do câncer de intestino. Só me resta concluir que, como eu, meus órgãos gostam de se distrair, relaxar a guarda.*

*Precisava fazer algo, e tinha que ser radical, já que a maneira com que conduzi meus 50 e poucos anos de vida resultaram nisto. Já em 2002, comecei por eliminar, seguindo inúmeros conselhos de revistas, artigos, amigos, internet etc., as massas brancas. Tudo passou a ser integral: arroz, macarrão, nada em conserva ou embutido, frango e ovos caipiras e peixe. A soja não geneticamente modificada foi acrescentada com frutas e na salada, em grãos.*

*Meu raciocínio é o de que, se eu causar um estranhamento no meu corpo, habituado ao longo dos anos a toda esta sorte de "enfraquecedores" de células, talvez as boas possam ter condições de se fortalecer, ficar mais robustas e atentas, e vigiar para que as ruins não se localizem em nenhum tecido. Quem sabe as boas façam novas parcerias com este alimento mais limpo de agrotóxicos e possam assim mudar padrões internos. Eu entendo que não podemos viver sem as bactérias e outros bichinhos, mas é preciso que o sistema imunológico esteja alerta e tenha condições de combatê-los ou pelo menos conduzi-los para fora do organismo na hora certa. Adotei a postura de conversar com minhas células. Às boas, sempre dou os parabéns por terem conseguido que eu chegasse até aqui; imagino-as com uns tridentes, fazendo as ruins circularem e não permitindo que grudem em nada. Às ruins agradeço a presença, porque em algum ponto foram necessárias, e peço que sigam seu feliz caminho até a liberdade, se enfraquecendo e sendo eliminadas pelo meu sábio corpo.*

*Atualmente consumo todo dia cogumelo do sol, tomo chá verde e algumas vezes chá de boldo para aliviar o trabalho do meu fígado.*

*Sempre me aconselharam a ioga e a meditação, e há um ano as pratico regularmente.*

Diante do diagnóstico de uma segunda metástase, a necessidade de mudanças tornou-se emergencial. No plano físico, emocional, social. Mas o que para mim se destaca desse seu relato é o humor, a criatividade. Apesar dos seus medos, de suas amarguras, das violentas agressões por que vem passando, o humor está presente, vivificando sua história, lembrando a todos nós a possibilidade de expressar talentos a partir e apesar dos impactos que a convivência com o câncer provoca em nossas vidas.

*Fui buscar ajuda psicológica com a Dra. Luiza Polessa, recomendada por uma amiga, no segundo episódio. Disse logo que precisava de alguém para me ajudar a morrer, porque não tinha ninguém no meu círculo de amizade capaz de me auxiliar neste quesito.*

*Passada a quimio, e me sentindo mais forte, diminuí as sessões até parar definitivamente com elas.*

*Estava claro para mim que eu precisava de ajuda somente para morrer... Viver eu sei!*

*Na terceira quimio voltei, convicta de que não morreria "disto", nem "agora". Eu deveria aprender a conviver com esta doença que deixei de ver como terminal e passei a encarar como uma doença crônica. Estava pronta para lidar com mais suavidade com os problemas sem estourar facilmente para aprender a não os deixar crescerem a ponto de eu não conseguir mais entender por que chegaram a tomar tal dimensão. Luiza é extremamente competente, auxiliou-me muito em todos os momentos. É uma pessoa doce e amiga verdadeira que foi para muito além da sala de consulta para me ajudar a superar as dificuldades.*

*Atualmente, junto com a ioga, tudo caminha bem. Meu CEA nunca esteve tão baixo – 2,22 – e por isso dei outra festa no meu aniversário para celebrar a vida.*

*Sei que preciso ficar longe de tensão, para não despertar velhos comportamentos.*

"Como se ajuda uma pessoa a morrer?", indaguei-me após ouvi-la. Acompanhando-a em seu caminhar para a morte, que é todo vida? Auxiliando-a a desapegar-se dos vínculos que a sustentaram durante toda a existência?

Como se ensina uma pessoa a dizer adeus, a despedir-se de seu mundo, de si mesma?

Sinalizando a presença do ciclo nascimento-desenvolvimento-morte presente nas mais simples atividades do dia-a-dia? Percorrendo sua biografia e imaginando em que poderia ser diferente? Revendo crenças e valores e avaliando em que medida sustentam momentos tão absurdamente dolorosos? Contando histórias? Cantando? Acolhendo o choro? Silenciando?

Não temi o desafio, e sei o quanto você se sentiu fortalecida para lidar com a proximidade da morte e, a partir deste contato, operar mudanças que avaliou necessárias em sua vida.

Falamos tanto em encerrar as tarefas, em virar as páginas e nos surpreendemos quando alguém manifesta o desejo de participar da finalização de seu ciclo.

Viver nós sabemos. Viver bem nós aprendemos. E não é sem esforço que o fazemos. Este foi o foco em um dos ciclos de sua psicoterapia. Transformar atitudes, comportamentos, romper padrões, incluir hábitos saudáveis, ampliar horizontes, zelar pela qualidade de seus relacionamentos.

*Sempre tememos o desconhecido, e, neste sentido, morrer é deixar o conforto da segurança do "conhecido" e ir para onde não se sabe o que nos aguarda. Morrer em si não deveria ser assustador, porque quando acontece já não temos mais consciência do fato. Porém, a dor da antecipação da morte é macabra. Morrer lentamente, vendo nossas forças físicas serem debeladas mais rapidamente do que gostaríamos, é uma situação assusta-dora. Era assim que me sentia quando fui procurar a Luiza. Não queria ser um fardo mais pesado do que já estava sendo para meu filho com a doença, sabendo que o fardo da minha morte eu não poderia evitar.*

*Criei um distanciamento de tudo e de todos, como se já estivesse vendo o mundo através de uma cortina, tudo já possuía o ar nebuloso da imprecisão, envolto em névoa, tudo em tons cinzentos. Vislumbrava o colorido das coisas, mas eu não me permitia ser envolvida por ele para não sentir ainda mais a dor de ter que deixar este mundo, no qual me considero feliz ao lado do meu filho, dos amigos e dos parentes maravilhosos. Não que eu creia que o lado de lá possa ser pior que o de cá... Pelo contrário, acho que deve ser milhões de vezes melhor. Mas quando pensava no meu filho, no amor que sentia por ele, em como ele iria se virar sozinho, como iria sentir minha falta, como o coração dele iria experimentar uma dor nunca dantes... isto me arrasava e fazia com que eu lutasse e, com a graça de Deus, quem sabe eu não teria uma extensãozinha de mais uns 40 anos? Com saúde e disposição, é claro!*

*Há consolo em nos dizerem que temos outras trilhas e obrigações para cumprirmos do outro lado, que esta nossa experiência é passageira e, na verdade, um melhoramento do espírito, mas nada disto elimina o fator medo e a tristeza.*

*Depois de todos estes episódios de câncer, a idéia de morrer permanece difícil de ser aceita. Preciso viver com a idéia de que muitos anos deverão se passar até minha vez chegar. Detesto pensar que este raciocínio implica que terei que ver grandes afetos partirem, mas não adianta. Preciso da noção confortante de que todos os meus afetos, amigos e familiares estarão comigo pelos próximos 50 anos.*

*Mas quando, na minha visão limitada, sinto que a senhora da foice está se aproximando, não tenho forças para enfrentá-la sozinha e sei que tenho que recorrer à ajuda de uma pessoa que possa servir de canal aliviador das minhas angústias, para eu não pesar tanto sobre os outros que estão igualmente sofrendo comigo, imaginando os medos que devo estar enfrentando, apavorados por não saberem eles mesmos como enfrentariam a situação se estivessem no meu lugar.*

*Nesta hora, sinto que uma especialista na área seja de fundamental importância por nos ajudar a separar o que realmente é relevante em nossa vida, onde devemos concentrar nossa energia (treinada que está em organizar os minutos da existência) já que nunca sabemos quando realmente vamos morrer. O paciente acha que será nos próximos dias ou meses, que a morte é inevitável e até necessária. Mas Luiza me ajudou a lidar com o dia-a-dia, a concentrar-me nas pequenas ações, a reencontrar o riso, a alegria nas pequenas coisas que só podem ser apreciadas quando nos permitimos maior lentidão nos gestos, no olhar, nas sensações. Luiza fala com mansidão, tem um gestual lento que é um fio terra que canaliza altas tensões. Com muito carinho e cuidado, desvia nosso olhar obcecado com a doença para a suavidade da vida. Creio que estas miudezas removem o bicho-papão que nunca foi mais do que isto: uma figura etérea que alimentamos somente com nossa imaginação.*

Uma pessoa que já se viu tão cara a cara com a morte sabe das angústias, dos medos, dos pesares em encerrar o universo construído. Impõe-se muitas vezes um distanciamento afetivo que é uma proteção, mas é também uma antecipação da própria morte. Passamos a viver como se já estivéssemos mortos. Estou atenta, como paciente e profissional, aos sinais deste comportamento.

Após o câncer, as metástases e todo o trabalho pessoal por que passou, hoje você reconhece a importância de cada momento, gesto, atitude mental.

Você me contou recentemente, dentre outras coisas, sobre sua viagem à Europa em companhia de seus irmãos para conhecerem a cidade de seu pai, o que enriquece ainda mais o diálogo com sua biografia. Realizações de quem sabe a graça presente em cada palmo de vida, e que cada dia é uma estréia e uma despedida.

# IV

## Parteiras e parturientes do que o câncer semeia

*Tenho hoje 55 anos. Em julho de 2004, recebi um diagnóstico de câncer de mama. Foi um baque muito grande, um susto enorme, uma situação que me deixou emocionalmente descrente que isso ocorria comigo mesma. Como poderia acontecer, já que me cercava de todos os cuidados necessários para não ter tal "surpresa"? Fazia consultas de rotina, exame de mamografia e ultra-sonografia, enfim, as precauções necessárias que os médicos recomendam. Mas...*

*Recebi o diagnóstico de câncer na mama direita e então tive que aceitar e enfrentar essa dura realidade, porque não poderia alterar o resultado dos acontecimentos. Foi muito sofrido e doloroso não poder fazer nada diante de um diagnóstico desses.*

Como proceder quando uma realidade inesperada, indesejada e assustadora se apresenta diante de nós? O que fazer quando nada mais há a fazer?

Aprendi que apenas o diagnóstico não pode ser alterado. Tudo o mais será mudado, dentro das possibilidades e do ritmo de cada um.

Você se viu tendo que aceitá-lo, impotente, passiva, como se não houvesse alternativa além da submissão àquela realidade. Só que não somos bem-sucedidos quando nos impomos certas atitudes. A aceitação do que nos acontece quase sempre é gradual, se dá por etapas, até adquirir uma expressão elaborada, transformadora, criativa.

Quando dizemos que temos de enfrentar, aceitar determinados fatos em nossas vidas, estamos fazendo uma escolha. Muitos não a fazem.

Então resolvi enfrentar a doença buscando a fé em Deus e nas minhas orações, e também o apoio psicológico e médico de que precisava. Mas o que me impressionou fortemente foi que não perdi a fé, a esperança de que ficaria curada, pois, segundo o meu médico, eu não tinha nódulo palpável, e sim microcalcificações. Segundo ele, a minha doença estava na fase inicial e eu teria grande chance de cura. Tive também o apoio fundamental da minha família (meu marido e meus filhos), além da minha mãe, das minhas irmãs e do meu irmão, que sempre me telefonavam e me visitavam, preocupados com o meu estado.

Busquei o apoio psicológico de que necessitava e comecei a me preparar para a completa mudança no meu modo de vida. Tinha que mudar a minha rotina, parar com os cursos que fazia, com as aulas de ioga e a hidroginástica, porque, devido à cirurgia, teria que ficar no mínimo uns dois meses sem fazer atividades físicas. Isso também foi muito difícil, mas tive de aceitar e me preparar para tudo o que viesse a seguir, em função da doença que tinha de enfrentar.

Procurei primeiro um mastologista que fora indicado pela minha irmã e que havia operado a minha mãe – na ocasião com 79 anos e um câncer de mama in sito que foi operado por ele com sucesso.

Entretanto, não houve uma sintonia perfeita com esse médico, algo me dizia que não deveria me submeter à cirurgia com ele. Então, através desse mesmo médico, fui encaminhada a outro mastologista, seu amigo. Ao consultá-lo com o diagnóstico de câncer de mama, que havia sido dado, a princípio como suspeita, pela minha ginecologista, ele me explicou tudo o que tinha que ser feito, foi direto e objetivo.

Gostaria de relatar que logo na primeira consulta senti de imediato uma empatia, uma segurança muito grande e muita confiança no que seria necessário fazer dali por diante.

Ao receber um diagnóstico de câncer tudo parece sair do lugar. Muitas de nossas atividades são suspensas, outras passam a compor uma rotina repleta de compromissos voltados para os cuidados com a saúde.

Vem a procura pelos médicos e psicoterapeutas, com os quais nos comunicamos com maior facilidade, a definição dos locais para realização de exames e cirurgia. Mas quem já tiver construído relações íntimas com o sagrado, laços de amor e afeto com familiares e amigos, disporá de recursos internos necessários à superação dos abalos provocados pelas bruscas mudanças de rota trazidas pelo câncer.

Refletir sobre a maneira como uma pessoa com suporte emocional lida com experiências desafiadoras, lembrou-me uma paciente psiquiátrica que encontrei quando estava parada em um sinal de trânsito em frente ao Instituto Philippe Pinel, em Botafogo, local de realização de um curso do qual fazia parte. Chovia muito, ela parou ao meu lado, sob a chuva. Aproximei-me e a protegi com o meu guarda-chuva. Atravessamos a avenida em silêncio. Quando chegamos ao hospital, foi falando para todas as pessoas com quem cruzava: "Encontrei uma colega que não deixou eu pegá chuva." Algumas horas mais tarde, quando saí para o almoço, ela, que estava vagando pelo pátio, dirigiu-se a mim, totalmente molhada, dizendo que tinha encontrado uma colega que não a tinha deixado pegar chuva. Estava encharcada e em êxtase.

Os que recebem afeto, e o aceitam, sofrem com a doença, mas não falta coragem para enfrentá-la.

*Fiz a core biópsia no dia 07 de julho de 2004, no Centro de Pesquisas da Mulher (CEPEM), e a partir daí começou uma via-crúcis de exames.*

Com o resultado do exame em mãos, levei-o para o cirurgião, na esperança de que fosse um câncer in sito, e que pudesse ser feito um procedimento como o de minha mãe. Preciso dizer que nesse meio-tempo, entre o pedido do exame e o resultado dele, nesses dias de espera, estava emocionalmente muito insegura, com medo do resultado, e ao mesmo tempo tinha uma certa esperança de uma boa notícia, tinha também muito receio de que viesse um mau resultado, ou seja, a confirmação daquela suspeita inicial.

Então veio o resultado que eu mais temia, era a confirmação do câncer. Custei a acreditar no que estava escrito, tive vontade de chorar muito, mas não conseguia, só ficava pensando por que isso aconteceu comigo, gostaria de entender o que leva uma pessoa a ter a doença, gostaria de entender a causa, enfim, a palavra certa para mim, naquele momento, era entender "por que eu?". Claro que essa é uma resposta que, por enquanto, não tem explicação.

Então comecei a lutar pela minha vida, querendo fazer o mais rápido possível a cirurgia. O meu médico marcou a data para 25 de agosto, pois não tinha outra mais próxima, como eu gostaria. A partir do momento em que ele me disse que o meu caso era cirúrgico, fiquei com vontade de operar, se possível, no dia seguinte, pois queria ficar livre da doença logo.

Você encontra dificuldades para entender por que teve câncer. Uma explicação para o adoecimento pode ser encontrada quando se estabelece uma causa, levando-se em conta aspectos psíquicos, genéticos, comportamentais, ambientais, o que nem sempre esclarece ou ameniza o sofrimento.

Muitas pessoas identificam, sem esforço, um motivo para sua doença. Já ouvi, logo na primeira vez em que perguntei a algumas pacientes sobre como explicavam o câncer para si mesmas, declara-

ções como: "Tive esse câncer para dar de presente para minha mãe.";
"Sempre esperei por essa notícia. Todos na minha família têm câncer. Meu dia chegou."; "Meu marido agora entende o que é que ele fez comigo." – referindo-se a uma traição. "Tive câncer por causa do cigarro, mas ninguém vai me convencer a parar de fumar."; "Eu acho que é essa mania de querer abraçar o mundo. O corpo não agüenta." O psicoterapeuta tem nessas respostas um ponto de partida para suas investigações, mas precisa explorar outros fatores.

O que leva uma mulher a achar que teve câncer de mama para dar de presente para sua mãe? Por que escolheu este presente? Como o confeccionou ao longo de sua vida? Aí está o maior campo de atuação do psicoterapeuta. Daí ele obtém os melhores resultados para o paciente.

Outras não evidenciam um fator desencadeante para a doença. Algumas não se ocupam com indagações dessa natureza, preocupam-se com o que está ao seu alcance para modificar o que consideram ruim para elas, e nada reconhecem como suficiente para provocar enfermidade tão grave.

Mas tudo o que queremos é nos ver livres dela. E doença soa como um substantivo abstrato, que precisa de um ente para se manifestar. A doença somos nós, e não é sem dor que nos livramos de nós mesmos. Podemos ter uma relação de sujeito ou de objeto com ela, escolher enfrentá-la ou não, viver ou não, mas só vamos dela nos recuperar se existirem recursos médicos adequados para tratá-la e nosso organismo estiver em condições de reconhecê-los como terapêuticos, o que envolve fatores biológicos, psíquicos, sociais e espirituais.

O que permanece acessível ao paciente lúcido é a possibilidade de estar interessado em si mesmo, em tudo o que vive, sente, pensa, deseja, descobre a seu respeito enquanto convive com o câncer.

*Entretanto tudo na vida tem o tempo certo para acontecer, e eu tive que esperar alguns dias para a realização da cirurgia. Nesse período, a minha espera parecia não ter fim. Foi então que comecei a freqüentar a terapeuta Maria Luiza em 29 de julho de 2004, a contar-lhe da minha angústia, do meu sofrimento. Primeiro pela escolha do médico que iria me operar, pois estava em dúvida, não sabia se escolhia o primeiro mastologista ou o segundo. Comentei a minha dúvida, e ela me ajudou a tomar a decisão que lá no fundo do meu íntimo eu já sabia qual era, mas queria ter certeza absoluta do melhor para mim e, com a orientação dela, pude agir com mais firmeza, com mais segurança.*

*Depois se seguiram as explicações necessárias do que iria acontecer comigo, com relação ao procedimento cirúrgico, com relação aos exames pré-operatórios, enfim, uma série de informações me foi passada para que eu ficasse mais consciente do que iria atravessar.*

*Quero deixar clara a minha ignorância com respeito a essa doença. Apesar de ser professora, ter curso superior, desconhecia muitos dados relacionados a ela. Achava que ia morrer. Aos poucos, fui sendo esclarecida de tudo, com todas as informações de que necessitava, tanto pela terapeuta como pelo mastologista, e fui me acalmando e ficando mais esperançosa e confiante. Comecei também a orar muito, todos os dias, buscando forças para ultrapassar essa dificuldade, esse sofrimento, na minha vida. E, com muita oração e com muita fé em Deus e em Jesus Cristo, fui adquirindo mais força nas situações que iria enfrentar.*

O caráter educativo da Psico-Oncologia ajuda, e muito, o paciente em seus primeiros contatos com o câncer. Desconhecedor de suas particularidades, pode ser esclarecido pelo especialista que, preparado para o exercício desta função, em muito alivia as perturbações provocadas pela desinformação, pela desorientação, pelos medos e pelas fantasias.

A demanda – presente em seu discurso, e no de outros pacientes, por um resgate da autonomia para participar de decisões relativas a esse seu mais novo universo – precisa ser identificada e valorizada pelo profissional.

A iniciativa que não nos falta é a de repassar ao outro tarefas, escolhas, por nos sentirmos sobrecarregados, atordoados, até mesmo duvidosos quanto à nossa capacidade de discernimento. Só que estamos muito saudáveis sob vários aspectos, e identificamos facilmente o que não nos convém naquele momento. É quando nos endereçamos um convite à participação.

Como você bem observou, a ajuda psicoterapêutica recebida nada mais foi que a de lhe oferecer recursos para o reconhecimento do que já estava internamente decidido por você.

*Finalmente chegou o dia da cirurgia, e eu me sentia calma e confiante, não tive medo dos exames de cintilografia mamária com a pesquisa de linfonodo sentinela, além dos exames pré-operatórios que já havia feito como a radiografia do pulmão e a ultra-sonografia pélvica. Com os bons resultados destes exames, fui para a sala de cirurgia com mais confiança e calma.*

*A cirurgia foi feita com tudo correndo bem, e tive alta hospitalar no dia seguinte, porém teve de ser feita mastectomia, ou seja, a retirada da mama. Mas naquele momento não me preocupei muito com isso, o que me vinha à mente era a retirada do câncer e, se para isso acontecer, o preço a pagar era a mastectomia, então, que fosse feita. Não que a integridade da mama não fosse importante, mas eu já havia sido alertada pelo médico dessa possibilidade e lhe pedi que fosse feito o necessário para eu me livrar da doença.*

A minha recuperação da cirurgia foi muito boa, e, com uma semana, já estava sem o dreno, que me incomodava muito para dormir. Já notava a cicatrização e me sentia bem, na medida do possível.

Depois de um mês, voltei ao mastologista já com o resultado negativo da pesquisa do linfonodo sentinela, o que me fez ficar mais aliviada e feliz.

Com o resultado do exame histopatológico, meu médico me encaminhou para uma oncologista. Fui à consulta com ela, acreditando não ser necessária a quimioterapia. Entretanto, a médica me recomendou, como profilaxia, quatro sessões de quimioterapia.

Confesso que tinha muito receio, medo do que seriam essas sessões. Então, procurei esclarecimentos com a minha terapeuta e também com a oncologista. Fui informada da queda dos cabelos e de outros efeitos colaterais tais como o enjôo, falta de apetite, nervosismo, inquietação, uma agitação interna muito grande, além de insônia. Foram quatro meses de sofrimento. As sessões aconteciam de 21 em 21 dias, e durante esse tempo tive de suportar os incômodos do tratamento, apesar dos remédios receitados para amenizá-los.

É uma situação muito dura, difícil demais, mas fiz a minha parte, procurando seguir as orientações da oncologista quanto a não comer frituras, gorduras e coisas que pudessem agravar o enjôo e a falta de apetite, e também me resguardar de infecções, evitando ambientes muito cheios de pessoas. Foram quatro meses de um certo resguardo em que fiquei bastante em casa, pensando na minha vida e no que eu estava passando.

Naquele momento, o seu desejo de se livrar do câncer era tanto que a mastectomia não lhe causou impacto. Diante da ameaça à sua integridade, em nome da graça da saúde, seu seio foi dado como oferenda. Esse foi o seu sacrifício, que só pôde ser feito por você já ter vivido o suficiente para aprender que, muitas vezes, para não perder tudo, era preciso abrir mão de algo.

O resguardo a que você se refere, favorece um contato maior com a intimidade. Imagino que, se estes momentos de recolhimento não se restringissem a circunstâncias extremas, enfrentaríamos nossos desesperos com maior consciência, menos desolados. Perto de minha casa há uma igreja que exibe uma faixa com os seguintes dizeres: "hora santa: quartas-feiras, às 15h30." Achei graça quando a vi pela primeira vez, pois para mim hora santa é toda hora. Hoje reconheço a importância de as pessoas elegerem um tempo de sua semana para rezar, meditar. Talvez seja uma oportunidade de virem a integrar aquele momento a todos os outros.

*Posso dizer que, de tudo o que passei, psicologicamente, o que me incomodou muito e me deixou triste e abatida foi quando, na segunda sessão de quimioterapia, o meu cabelo começou a cair. O cabelo não parava de cair, acordava de manhã com a fronha cheia de cabelo e, então, decidi cortá-lo bem curtinho, pois assim ele cairia, mas não seria tão visível pra mim. Entretanto, à medida que ia fazendo a quimioterapia, o cabelo caía mais e mais, a ponto de ficar completamente careca.*

*Resolvi que compraria uma peruca para usar e que não ficaria careca na frente dos outros. Tinha, então, duas opções: a primeira, a peruca; a segunda, um lenço do tipo bandana. Preferi a segunda opção por me sentir melhor com o lenço. A peruca não me deixava ficar natural, à vontade, já que não me reconhecia no espelho quando a usava; achava que todos que me vissem de peruca iam perguntar o porquê e aquilo me incomodava muito.*

*Não queria ser reconhecida como doente e com uma doença que ainda hoje carrega um estigma muito forte. Conversei muito com a minha terapeuta, e ela me falou que eu deveria fazer aquilo com que eu me sentisse bem, que, se não quisesse falar da doença para os outros, não falasse. Isto fortaleceu e muito a minha convicção de só falar do caso com os familiares e alguns amigos mais próximos, porque dessa forma me sentiria melhor. Acho que essa doença mexe muito com a intimidade de cada um, e isso eu gostaria de preservar, de me poupar de explicações e de preconceitos.*

*Preciso dizer que hoje uso uma prótese de silicone dentro do sutiã, o que me faz ficar quase natural, precisando fazer somente alguns ajustes quando compro um novo. Assim, utilizo um forro por dentro para que a prótese seja colocada ou compro um sutiã próprio para o uso da prótese, que é mais caro.*

*O meu médico me falou da reconstrução da mama num mesmo ato cirúrgico, mas eu não quis fazer, pois o meu objetivo principal era ficar livre da doença e só depois pensaria na vaidade, na reconstrução. Ainda hoje não pensei em fazê-la, pois não me sinto com coragem suficiente para enfrentar uma outra cirurgia que, segundo os médicos, é mais demorada e passa por várias etapas. Talvez, no futuro, eu queira fazer, mas por enquanto não penso nisso. Acho que é por estar ainda muito recente, não sei, o tempo é que dirá. A despeito disso, tenho uma boa qualidade de vida.*

Modificações físicas alteram a relação com a identidade. Pergunte a si mesmo como se reconheceria sem uma parte de seu corpo. É possível que você tenha uma resposta, que certamente seria diferente se esse não fosse apenas um exercício de imaginação. As alternativas de agora podem não encontrar eco no presente da experiência.

Perder os cabelos, os seios, são algumas das alterações que o corpo feminino sofre quando acometido pelo câncer de mama. Partir os grilhões que nos acorrentam às conseqüências devastadoras desta realidade é um desafio para nossa mente, nosso psiquismo.

Você compartilha conosco a luta pelo reconhecimento de uma forma de atuação perante questões muito próprias de quem enfrenta um câncer, em conformidade com sua realidade interna. O que ocorre comumente é que nos sentimos pressionados a agir de tal ou qual forma. Queremos ser "bons doentes", corresponder às expectativas das pessoas, só que nem sempre estamos em condições de não frustrar demandas próprias e alheias.

Existem crenças que nos afligem, como as que apregoam que não assumir a careca é negar a doença; que a mulher mutilada é rejeitada pelo parceiro. O que necessitamos neste momento é cuidar de nossa escuta, porque, quanto mais próximos de nós mesmos, maior a clareza daquilo que falamos, mostramos, a quem o fazemos e em que circunstâncias.

Também eu vivenciei a dúvida de não saber o que falar aos meus pacientes quando precisei comunicar-lhes meu afastamento. Até que fui orientada por alguém que me esclareceu: "Luiza, paciente é que nem filho, cada um precisa de uma coisa." Compreendi, então, que era ali, na interação com cada um deles que eu saberia o que dizer. Não era necessário um discurso pronto, padronizado. Na medida em que comunicava meu afastamento, fui percebendo que muitos supuseram que eu iria viajar, pois estávamos em janeiro; alguns já estavam viajando, poucos me perguntaram se iria me ausentar por escolha ou por necessidade. Este foi um dos muitos aprendizados realizados a partir da decisão de viver as particularidades da realidade que me estava sendo posta pela doença.

*Hoje me sinto bem, apesar de tudo o que passei, da falta que me faz a mama que perdi. Quando me olho no espelho, vejo aquela grande cicatriz que ficou como uma marca e junto a isso a falta que me faz o cabelo, ainda não crescido, como os médicos me disseram que aconteceria. Agora que está começando a crescer, depois de dois meses e meio do término do tratamento de quimioterapia – para mim, de forma muito lenta. Apesar de tudo isso não posso esquecer de dizer que estou muito feliz em poder continuar a minha vida, foi uma graça muito grande, uma bênção de Deus que eu recebi, e agradeço a Ele todos os dias a fé que eu tive e o fato de poder estar aqui e continuar a viver. Agradeço também às pessoas que me ajudaram nessa caminhada, como meu mastologista, minha terapeuta, minha oncologista, as enfermeiras das sessões de quimioterapia e minha família – um agradecimento especial ao meu marido, que soube suportar comigo toda essa situação e muito me ajudou. Enfrentarmos juntos a doença que me trouxe à realidade da vida e me mostrou com mais clareza os acontecimentos a que estamos sujeitos, o quanto importa a saúde, as pessoas, os problemas vividos por cada um de nós.*

É muito gratificante avançar com saúde e autonomia após atravessar o tortuoso caminho da cura do câncer. O termo não pode ser mais adequado: sobrevivente. Você é uma sobrevivente do câncer de mama, como muitas de nós. Mas é também sobrevivente de suas crenças, medos, fantasias, fantasmas, da própria auto-imagem, tão bem alimentada até então.

Aprendemos a ser parteiras e parturientes do que é semeado em e por nós durante nossa conquista pela vida. Agora é prosseguir.

# A autora

MARIA LUIZA DE CASTRO POLESSA é psicóloga com formação em Psicologia Transpessoal e especialização em Psico-Oncologia pela Sociedade Brasileira de Psico-Oncologia (SBPO). Recebeu da SBPO Certificação de Distinção de Conhecimento na Área de Psico-Oncologia. Do Instituto Brasileiro de Hipnose Aplicada (IBHA) obteve o título de hipnóloga. É coordenadora acadêmica do curso de extensão universitária em psico-oncologia promovido pelo IBHA, com apoio da SBPO, realizado no Instituto Philippe Pinel.

É ainda formada em Letras, com Mestrado em Literatura Brasileira pela UFRJ.

Contatos com a autora podem ser feitos pelo e-mail:
luizapolessa@uol.com.br.

Este livro foi composto na tipologia Agaramond,
em corpo 12/16 e impresso em off-white $80g/m^2$
no Sistema Cameron da Divisão Gráfica da Distribuidora Record.